조선 시베리아 기행

조선 시베리아 기행

야즈 쇼에이(矢津昌永) 지음
최혜주 옮김

도서출판 선인

책을 옮기며

『조선시베리아기행』은 어떤 책인가

『조선시베리아기행』은 야즈 쇼에이(矢津昌永, 1863~1922)가 1893년 7월 24일부터 20일간 개항장 부산과 원산, 블라디보스토크를 견문한 것을 이듬해 간행한 글이다. 이 책은 같은 해 나온 혼마 규스케(本間久介)의『朝鮮雜記』와 함께 일본인들이 가장 많이 읽은 조선 견문기였다. 야즈는 제5고등중학교(구마모토대학) 지리학 교수로 재직하면서 여름방학을 이용하여 조선과 시베리아를 여행했다. 여행 목적의 하나는 '진구(神功)황후'의 유적이나 임진왜란의 전승 유적지를 따라가면서 '제국'일본의 국력을 회상하기 위한 것이다. 야즈는 근대 일본인의 조선멸시관이나 침략사상의 출발점이 되는 이 두 사적을 통해 자신의 조선 인식 형성에 깊은 영향을 받아왔다. 다른 하나는 우승열패의 현실에서 일본에 위협이 되는 러시아의 남하정책을 경계하고 그 전진기지로서의 블라디보스토크 항의 중요성을 인식했기 때문이다.

『조선시베리아기행』은 근대 일본인의 시각으로 조선과 시베리아의 문화와 문물 풍속을 접하면서 느꼈던 여러 풍경이 생생하게 그려졌다. 그 속에 드러나는 조선, 조선인, 지나인, 러시아인의 주된 이미지는 불결, 추악, 게으름, 비진보성 등이다. 특히 조선인에 대한 긍정적 시각보다는 부정적인 편견에 가득 찬 모습이 보인다. 일본의 시급한 과제가 무엇인가를 지적하여 조선 침략을 기정사실화하는 정한론(征韓論)적인 시각도 엿볼 수 있다.

이 책의 자료적 가치는 두 가지로 볼 수 있다. 하나는 외국인의 눈으로 100여 년 전의 우리 조상들의 모습을 세밀하게 그린 민속학 자료라는 점이다. 차별적이고 편견에 가득 찬 서술을 제외하면 저자가 본 지역의 풍습, 기후와 지질 등의 자연환경과 조선인들의 사는 모습을 적나라하게 그렸다. 지리학 전문가로서 문헌에만 의지하지 않고 실제로 돌아다니며 본 것을 충실하게 기록한 점은 돋보인다. 다른 하나는 청일전쟁 발발 시점에 간행돼 일본인의 조선이미지 형성에 적지 않은 영향을 끼쳤고, 여행 일정에 대한 자세한 기록과 함께 여행에 필요한 기본적인 정보를 수록한 점이다. 자세한 도항안내를 싣고 있어 청일전쟁과 러일전쟁 이후 일본인 도항자가 늘어나는데 어느 정도 영향을 미친 것으로 보인다.

이 책에 나오는 일본의 인명과 지명은 모두 일본식 발음대로 표기하였다. 일본식 발음대로 불편한 것은 한국식 발음으로 표기하였다. 그리고 원문에는 주가 없으나 이해를 돕기 위해 각주와 사진을 첨부하였다. 이 책에 수록한 사진의 일부는 역자가 2013년 규슈의 구마모토와 하카다를 답사하고 2014년 한국민족운동사학회가 주최하는 블라디보스토크 일대의 항일유적 답사를 하면서 찍은 것이다.

이 책의 번역을 마음먹은 것은 혼마 규스케의 『조선잡기』를 번역해서 출판한 2008년부터 였다. 이렇게 출판되기까지 오랜 시간이 걸릴 것이라고는 예상치도 못했지만 이 어려운 번역작업이 완성될 수 있게 도와준 선인의 편집부 여러분께 깊이 감사드린다.

- 2016년 12월 최혜주

목차

1장 기행문

1부 하카다 출발, 부산과 울산 여행

<1893년 7월 24일>

<7월 25일>

<7월 26일>

7

11

머리말

 해와 달은 사람을 기다리지 않는다. 세월은 또한 이렇게 저물어가고 있
다. 회고해보면 내가 조선의 산과 러시아의 바다 사이를 노닐던 때는 쇠
도 녹일 기세로 뜨겁던 여름이었다. 그런데 지금은 북풍이 칼날처럼 서늘
하고 매서운 눈발이 날리며 한 해를 마무리하는 때가 되었다. 일찍이 내가
타던 말로 하여금 땀을 짜내도록 달리게 하던 울산의 거리들에는 아마도
하얀 적설이 덮여있을 것이다. 하지만 그때는 뙤약볕 아래 얼굴이 익을 정
도였다.

 블라디보스토크의 부두는 지금쯤 단단하게 굳은 얼음으로 닫혀 있을 것
이다. 자연계의 약속은 당연히 이렇게 되어간다. 자연은 그 약속을 어기
지 않지만 사람은 약속을 어기는 일이 많다. 내가 만유(漫遊)한 여정을 마
치고 귀국한 지 이미 5개월 남짓, 이제 그 기행을 세상에 공개하려 한다.
때는 겨울 끝자락이 되어 가는데 딱히 무엇을 말하기 어렵다. 다만 감회
한 수를 기록하여 메이지의 26년(1893)을 보내는 송년사로 마무리하며 서
문을 대신한다.

半生陳迹附悠悠　반평생 지난 자취 한가하게 지내다가

更上長程萬里舟　다시 먼 길인 만 리나 가는 배에 올랐네.

韓馬直馳蔚山路　말을 달려 곧바로 울산의 길로 달리고

鐵車又渡陽水頭　기차도 양수 머리로 건너갔네.

異邦風物猶餘夢　이방의 풍물들이 오히려 꿈에 남아 있고,

鄕土雪華忽撲裘　향토의 눈꽃은 홀연히 털옷을 치는구나.

時節無端午欲暮　시절은 갑자기 한 해의 저물녘이 되려 하니,

獨擎寒燭數曾遊　홀로 촛불 높이 들고 일찍 노닐던 일 헤아리네.

－ 1893년 제야(除夜), 도쿄 니혼바시 시주도(始終堂)에서

15

■ 러시아와 조선의 정황들

만약 강한 자가 번성하고 약한 자가 쇠멸하는 것(優勝劣敗)이 도저히 피할 수 없는 세상의 이치라고 한다면, 지금 세계 최대의 강국과 세계 최약소 빈국이 서로 경계를 하고 있는 현실을 어떻게 보아야 할까. 이 기이한 현상은 국가 간의 우승열패를 현저히 가늠해주는 좋은 표본이 아닐까 한다. 이 좋은 표본이 지금 가까운 바다를 사이에 둔 저 편에 있다. 사람들이 이러한 상황의 실제를 보고자 한다면 러시아와 조선이 국경을 접하고 있는 두만강 경계에서 이것을 경험할 수 있다. 나는 일찍이 『정치지리』에서 이에 관해 서술한 바 있다.

천산(天山) 및 태산(泰山)의 북쪽, 평원이 아득히 넓고 멀리 북극해의 대륙 빙하와 연결되는 곳이 시베리아 평원이다. 슬라브 민족으로 한때 동구(東歐)로 불리던 러시아가 발흥하면서 이 광야 역시 침략을 면하지 못하고 코사크 병사의 발굽 아래 유린당했다. 그들은 우라산(烏拉山) 계의 경계선을 넘어서 북태평양의 저쪽까지 도달했다. 이어서 점차 남쪽으로 향한 길을 개척하면서 야브로노이산 경계의 하늘 끝을 넘어 곧바로 흑룡강을 건너왔고, 쌍두(雙頭) 독수리 깃발은 계림(조선을 말함)의 국경에 나부끼기에 이르렀다. 즉 극동의 블라디보스토크를 군항으로 삼고 장차 여기에 이르는 6천리의 철도를 완성함으로써 주요 거점(首府)으로 호응시키려 하는 것이다. 돌이켜 보면 그 가까이에 접해 있는 작은 반도국의 두만강은 일의대수(一衣帶水), 겨우 천연의 한계선에 지나지 않아 조금 용기를 내면 건너는 것이 어렵지 않다. 그런데 조선의 한성 궁 안은 아직 꿈에서 깨어나지 못하고 있고, 외척의 권세가 높아서 여러 일을 함부로 하고, 더하여 재정의 궁핍은 이미 극에 달하니, 재앙이 일어날 징조가 실로 아슬아슬하다. 훗날 러시아가 블라디보스토크에 함대를 보내 동양에 위용을 떨치려 일본해의 입구를 봉쇄하게 된다면 이것을 견제해야 하는 것은 실로 우리 쓰시마 경비구와 조선의 남쪽 모퉁이가 된다. 만약 이 반도를 사나운 독수리에게 맡긴다면 동양의 대세는 무엇으로 회복할 수 있으리오.

어리석은 닭이 먹이를 탐하여 사나운 독수리가 노리는 것을 알지 못하는 것은 실로 이와 같은 정황을 두고 말하는 것이리라.

▣ 이번 여행의 의의

나는 평소부터 외유(外遊)할 뜻을 갖고 있었다. 우선 이들 동양 각국에 건너가 그 실황을 목격하고, 그리고 점차 서부로 가려던 것이 오랫동안 품은 뜻이었다. 나는 1893년 여름방학에 휴가를 얻었다. 이 기회에 먼저 조선으로 건너가 그 인정과 풍물을 살피고, 다음에 러시아령 블라디보스토크로 항해하여 시베리아를 여행하기로 마음먹었다. 그리하여 급히 여장을 꾸리고, 혼자 몸으로 표연히 첫 번째 외유 길에 오른 것이다.

1장
기행문

1부
하카다 출발,
부산과 울산 여행

7월 24일

▣ 규슈 철길 위의 눈에 띄는 풍경

7월 24일, 5시 40분 나는 구마모토(熊本) 발 첫 기차로 출발하였다. 다행히 지우(知友)인 와다나베(渡邊) 씨가 함께 있어 차중의 무료함을 달래면서 여러 가지 담소를 나누었다. 해가 뜨고 아침을 알리는 사이에 이슬이 구슬이 되고, 한 쪽에 있는 논에는 모종이 끝나고 있었다. 푸른 어린 벼가 익어 푸른빛이 무성하여 그것이 가을 열매의 풍성함을 예보하니 자못 장관이다. 우에키(植木) 역을 지나자 어제 저녁 구마모토의 사방을 촉촉하게 적신 소나기가 이 역의 북쪽 방면에서는 그 흔적도 볼 수 없다. 논이 군데군데 갈라진 것을 볼 수 있었다.

다하라자카의 묘지

고노하 역

다하라자카(田原坂)의 나나모토(七本) 마을은 옛날 이름 높은 격전장[1]으로, 그로부터 벌써 17년이 한바탕 꿈처럼 지났다. 당시 퍼붓던 탄환으로 인해 앞이 보이지 않을 정도로 무성했던 나무들은 조금 밖에 남아있지 않게 되었다. 그러나 다하라자카 부근의 나무들은 지금은 녹색이 다시 무성하게 올라와, 허허롭게 기념비를 둘러싸고 있다. 고노하(木葉) 역 인근에는 전사자를 제사하는 영지와 충성스럽고 의롭게 죽은 이들의 무덤들이 벚나무 사이에 줄지어 있는 것을 볼 수 있다. 아! 충혼은 벚꽃과 함께 영원히 향기로울 것이다.

다카세(高瀬) 역을 지나니 이 역의 이북은 다시 어제 저녁의 소나기가 한번 지나간 것으로 보인다. 도로도 습하고 하천의 노란 부들꽃 사이에는 개구리가 때를 만난 얼굴을 하고 그 목청을 높여 흥겨워 크게 노래하고 있다. 치쿠고(筑後)에 들어가서 야베가와(矢部川) 역의 서쪽, 12, 3 정(町, 도로로 나누어진 1 구역을 말함-옮긴이)에 탄산천 온천장이 있다. 근래 그 번창을 꾀하기 위해 온천 등의 규약을 만들고 모든 것을 싼 값에 궁리하여 오로지 손님의 편리를 도모한다고 한다. 한가한 사람들이라면 목욕을 시도해 볼만하다.

---

1) 1877년 서남전쟁에서 전사한 정부군의 군인, 군부, 경찰관을 매장한 묘지가 있다.

▣ 규슈철도의 번창

이상, 각 역을 지날 때마다 각 등(等)의 차 안을 따라 승객은 한층 더 증가하고 오무다시(大牟田) 역을 지날 때부터는 객실은 벌써 빈 곳이 없다. 객차는 사람의 짐을 쌓은 것과 같았는데 이는 모름지기 어제 이래 승차 운임이 반이 싸진 영향이다. 일을 핑계로 승차비를 할인할 때마다 규슈철도회사의 매상은 평일보다 수배가 된다. 이것은 소위 계획대로 '이익을 올린다'고 할 수 있는 상술의 비법일 것이다.

덴바이산

도스(鳥栖) 역은 사가(佐賀)행, 모지(門司)행의 지선으로 와다나베 씨는 사가에 용무가 있다고 해서 헤어지고 기차에서 내렸다. 나는 이제부터 말을 하지 않고 간코우(菅公)[2]의 유적인 덴바이산(天拜山)[3]

호우만산

---

2) 스가와라 미치자네(菅原道眞, 845~903), 헤이안시대의 정치가·한학자로 문장박사, 우대신을 역임하였다. 사후 학문의 신으로 추앙받았다.

3) 후쿠오카 현 치쿠시노(筑紫野) 시에 있는 표고 258미터의 산이다. 다자이후(大宰府:규슈의 치쿠젠쿠니에 설치된 지방행정기관)에 유배되었던 스가와라 미치자네가 자신의 결백을 호소하기 위해 여러 번 등정해서 하늘에 절했다고 전해지는 산이다.

을 왼쪽에, 호우만산(寶滿山)[4]을 오른쪽에 바라보며 변함없이 치쿠시(筑紫) 개펄의 충적층 평원 사이를 북으로 달렸다.

10시 18분 하카다(博多) 역에 도착했다. 이번 여행의 해외여행권은 후쿠오카 현청에서 받는다. 용무를 보기 위해 이 역에 내려서 바로 인력거를 달려서 나가시마쵸(中島町), 고가분(古賀文) 회조점(回漕店)[5]에 내려 부산행 기선의 모지(門司)에서의 출항 시간을 물어보니, 내일 오후 4시 시라카와마루(白川丸)가 출항한다고 한다. 여기에서 후쿠오카 현청에 들러 여권 발급 수속을 마치고 오늘은 고가분(古賀文)에서 1박을 하기로 결정하였다.

◼ 하카다 기온마쓰리의 떠들썩함

당시 하카다(博多)에서는 유명한 기온마쓰리(祇園祭)가 열려 몹시 무더운 철임에도 불구하고 각 지방의 남자와 시골 미인들이 속속 들어오고 있었다. 실로 많은 기차가 하카다에 도착할 때마다 많은 사람으로 넘쳐서 가득한 승객의 10의 7, 8은 모두 하차하여 떠들썩하였다.

---

4) 후쿠오카 현 치쿠시노 시와 다자이후 시에 걸쳐있는 산이다. 표고 829.6미터.
5) 가이소덴. 에도시대부터 메이지시대에 걸쳐 선착장이나 항구에서 商船을 대상으로 다양한 업무를 행한 도매업자가 경영하는 숙소.

시내의 거리거리에는 이름 높은 저 '야마가사(山笠)[6]'라 칭하여 성대하게 장식한 야다이(屋台)를 높이 하고 지붕보다도 더 높이 쌓아올려서 멀리서도 바라볼 수 있게 하였다. 그리하여 정오가 되면 거리의 남자들이 짝을 지어서 나와 야마가사를 기온샤(祇園社) 앞에 바치고 오후 5시에 이르면 다시 들어간다. 그 열기의 소란함은 무엇이라고 말할 수 없다.

기온마쓰리가 열리던 쿠시다(櫛田)신사(2013)

야마가사의 높이는 대개 8간이고, 만든 것이 각각 다르다고 하나 대체로 모양은 하나이다. 즉 궁전 누각을 쌓아올려 5, 6층 혹은 7, 8층으로 하고 그 안에 이 지역 특산물인 하카다 인형의 용신(龍神) 또는 저명한 인물을 두고 여기에 '海神捧釣譽' 또는 '聖后招神琴', '單騎遠征譽' 등으로 표시하

6) 7월 1일부터 15일까지 하카다에서 매년 개최되는 전통 마쓰리에 사용하는 높이 10m 이상의 커다란 가마.

고 상당한 의미가 있는 것을 설치한다.[7] 그리하여 마을 안의 젊은이들 대개 5, 60명이 각각 같은 한덴(半纏, 짧은 윗도리)을 입고 냉수를 뒤집어쓰고 한 목소리로 소리 지르기를 반복하여 그 모습이 마치 미친놈들과 같다. 밤이 되어 기온샤에 참배하면 각 동네의 야마가사에 수십 개의 등화를 점등하니 매우 아름다운 광경이다. 금년의 야마가사는 모두 6개, 하나에 4백 엔 이상을 쓴다고 한다.

기온마쓰리의 야마가사

---

7) 이것은 야마가사에 설치한 '표제(標題)'를 말한다. 이때 가장 많이 장식된 '표제'의 테마는 진구황후의 삼한 정벌과 도요토미 히데요시의 조선정벌이었다. 당시 마쓰리의 주체자가 진구황후나 도요토미의 조선침략에 동조하고 이를 기리는 심성이 반영된 것이다. 당시의 하카다 후쿠오카 지역의 사람들이 갖고 있던 사회적 분위기도 이를 반영한 것이다. '海神奉釣饗'와 '單騎遠征饗'는 청일전쟁 직전인 1893년에 '聖后招神琴'는 1885년 각각 장식된 테마라고 한다. 그 의미는 진구황후(聖后)가 삼한을 정벌했음을 기리는 것이다. 黑木彬文,「博多祗園祭における飾り山笠の標題の歷史的研究―山笠飾りに表れた朝鮮にたいする心性について―」(Ⅰ),『福岡國際大學紀要』27, 2012.3.

▣ 하카다를 출발하다

7월 25일 하카다 역에서 7시 1분 첫 기차를 타고 출발했다. 부산행 기선의 출항 시간은 이 날 오후 4시로 아직 시간이 있어서 가시이궁(香椎宮)[8]에 참배하기 위해 가시이(香椎) 역에 하차하여 찻집에서 휴식한 뒤에 참배하였다.

▣ 가시이궁과 그 영험한 나무

신사는 역의 동쪽 5정(町)에 있고 제신은 진구(神功)황후로 사격(社格)은 관폐대사(官幣大社)[9]다. 건립은 진기(神龜) 원년(724년)이며 황후가 삼한을 정벌하고 돌아와서 갑옷의 소매에 낀 삼나무를 심고, 또 검모장(劒鉾杖)의 보물을 묻어서 오랫동안 이국을 항복시키는 진(鎭)으로 삼을 것이라고

가시이궁

---

8) 후쿠오카 시 동구에 있는 주아이(仲哀)천황과 진구황후를 제사지내는 신사. 진구는 한반도에 대한 일본의 지배권을 확립했다고 전하는 전설상의 인물이다.
9) 관폐사 가운데 격식이 가장 높은 것.

공포한 것을 제사하는 곳이라고 한다.

그 가미스기(神杉, 신이 내렸다고 하는 삼나무)는 노목이 그 자리를 떠나지 못하고 현재 신사 경내에 있다. 이 삼나무는 다른 삼나무와 달리 잎이 번성하여 해송방(海松房)[10]과 같고 교엽릉(交葉綾)의 문양과 같다고 해서 '아야스기(綾杉)'라고 이름 지었다. 당시는 이러한 영험한 나무를 가지고 이 잎을 매해 조정에 바친 예가 있다고 한다.

아야스기

옛날부터 다자이노소치(太宰帥, 太宰府의 장관)가 되어서 치쿠시(筑紫)로 하향하는 사람은 반드시 먼저 가시이궁에 참배해야 하는 규정이 있고, 그 때 신관으로부터 아야스기의 잎을 관(冠)으로 받아들였다는 고증이 있다고 한다. 또 도요토미 히데요시(豊太閤)의 조선 정벌 때, 아야스기의 잎에 부적을 붙여 이국 정벌을 처음 나서는 여러 장수에게 나누어 주었다고 한다. 그렇게 신령한 위력이 있는 삼나무라면 나도 처음 조선에 가는 길(渡韓)이기에 신관에게 청하여 그 한 가닥을 얻어 모자 사이에 삽입하였다.

---

10) 미루부사. 해조류인 미루(海松)의 가지가 房狀이 된 것.

▣ 정한 및 구마소의 유적

가시이 부근의 제3기층에 속하는 이곳저곳의 구릉에는 정한(征韓) 및 구마소(熊襲)[11]에 관한 고적이 적지 않다. 당시 구마소 부족의 발호는 상상 이상으로 컸다고 한다.

다시 찻집에 돌아와서 10시 27분에 출발하는 기차로 가시이 역을 떠났다. 이 기차는 카스가(春日) 역의 첫차로 차 안이 매우 복잡하였다. 이바라기(茨木) 소장, 히라이(平井) 부관도 차 안에 있었는데, 이들은 오이타(大分), 미야자키(宮崎) 양현의 징병원을 추첨하기 위해서 감독으로 간다고 했다. 승객이 많아서 도착 시간을 많이 경과하여 오후 1시에 겨우 모지(門司)에 도착하였다.

고가분 지점에 투숙했다. 부산행 기선은 세관의 사정에 의해 항상 시모노세키(馬關)에 정박한다. 그러므로 목욕하고 식사 후에 부지런히 시모노세키로 건너가기 위해 선착장에 도착하니 작은 증기선이 이미 기다리고 있었다. 드디어 시모노세키로 건너가서 기선 시라카와마루에 승선하였다.

---

11) 규슈 남부에 근거지를 두고 야마토 정권에 대항한 부족으로, 『일본서기』와 『고사기』 신화 상에 등장한다.

■ 모지, 시모노세키의 양 항구

시라카와마루(白川丸)는 오사카상선회사[12]가 소유한 기선으로 대략 5일에 한번 오사카를 출발하여 부산에 정기 운항한다. 배의 속력은 대략 10해리라고 한다.

오사카상선회사의 모지지점(2013)

출항을 기다리는 동안 시모노세키, 모지 두 항구 사이에 있는 갑판위에서 그 형세를 보니 이곳은 세토나이(瀨內)의 관문으로 그 병요(兵要)나 상업(商業)에 있어서 우리나라에서 실로 중요한 곳이다. 러시아령, 조선, 지나(支那) 등의 요

모지항 역(2013)

충에 해당하는 것이 바로 이 관문이다.

---

12) 1884(메이지 17년)년 오사카의 대부호 히로세 사이헤이(廣瀬幸平)가 '유한회사 오사카상선회사'를 설립하였다. 여기에 참가한 선주는 55명으로 선박 93척, 자본금 120만 엔, 오사카-나가사키 등을 중심으로 하는 18개의 항로를 운항하였다. 그후 日本郵船과 함께 戰前의 대표적 해운회사로 성장하여 남미, 동남아시아, 중국항로 등을 운항하였다.

그리고 모지와 시모노세키 두 항구는 모두 외부로 향하는 통로가 되는 지형으로 완연한 하나의 큰 항구라 할 수 있다. 그런데 행정 관할이 다르다는 점 때문에 모지, 시모노세키는 근래에 서로 반목하고 경쟁하는 일까지 있다고 한다. 이러한 일은 매우 불리한 것으로서 세상의 경세가가 말하듯이 이들을 한 항구로 만들어 이해관계를 공유하게 함으로써 그 개량 번영을 도모하게 되면 훗날에 크게 볼만한 것이 있을 것으로 생각된다.

모지항에서 바라본 시모노세키(2013)

■ 일본을 출발하고 나서 본 조선 근해의 풍경

조금 있다가 시간이 되어서 배는 만리의 장풍(長風)을 헤치고 운항을 시작하였다. 비스듬한 햇빛과 저문 바람을 맞으니 마침내 일본을 떠나고 있다는 감상이 견디기 힘들게 밀려온다. 배가 나가도(長門)[13]의 오하나자키(御鼻崎)와 아이노시마(藍島)[14] 사이를 떠나자 바다와 하늘이 일색이 되어 매우 깊어서 육지의 모습은 보이지 않고, 북풍은 바로 일본해를 서늘하게 한다. 파도가 부서져 눈처럼 흩날려 갑판 위에 서있을 수가 없다.

방에 들어와 베개를 베니 이미 정신이 혼미하고 몹시 고통스럽다. 한밤중의 쓰시마 해류는 배의 좌현을 치고 북풍이 점점 세져서 선체가 심하게 흔들리고 약간의 뱃멀미를 느낀다. 한잠을 자고 나서 깨어 보니 동쪽 하늘이 이미 붉어져 있고 조선의 산봉우리가 멀리 사이를 두고 눈에 들어온다.

만선(滿船)의 모습은 이미 고향의 풍경이 아니다. 조선에 속한 섬인 오륙도(부산포구의 섬으로 육지에서 보면 5도 바다에서는 6도로 보인다고 한다)가 멀지 않다. 배가 점점 육지 가까이로 진행하니 절영도는 그 형상이 머리와 같은 모양으로 전면에 누워있다.

갑판에 나가서 내다보자 배가 바로 부산만 안으로 진입하려고 하고 한선(韓船)이 여기저기 떠있는 것을 볼 수 있었다. 한선은 선폭이 넓고 돛은 대나무를 사용하고, 홍색이나 백색의 가늘고 긴 깃발을 2개나 4개를 내세워 매우 풍치가 있다. 일본 어선들도 역시 적지 않다. 이 대부분의 배들은 시모노세키 근방 혹은 쓰시마, 히젠(肥前)[15] 등의 어민의 것이라고 한다.

---

13) 야마구치(山口) 현 북부지역.
14) 후쿠오카(福岡) 현 북규슈(北九州) 시 오쿠라(小倉) 북부.
15) 현재의 사가(佐賀) 현 및 쓰시마(對馬)섬과 이키(壹岐)섬을 제외한 나가사키(長崎) 현에 해당한다.

▣ 부산항에 상륙하다

시라카와마루 호가 부산항에 닻을 내렸다. 세관원(일본인)은 조선인에게 작은 거룻배를 저어서 배에 오르게 하고 선객의 짐을 점검했다. 검사를 끝내고 탑승객 일동이 상륙하자 선착장에는 거류 일본인 일동이 우리를 반갑게 맞이했다. 일본인들 사이로 검은 모자를 쓰고 흰옷을 입은 조선인이 3자나 되는 담뱃대를 가지고 배회하는 모습이 보였다.

나는 곧 일본조계 입강정(入江町) 여관, 오이케 츄스케(大池忠助)[16] 씨가 경영하는 여관에 투숙하였다. 뱃길에 함께 동승했던 효고(兵庫) 현 심상(尋常)중학교장 고모리 케이스케(小森慶助) 씨도 옆방에 투숙하여 나와 명함을 교환하였다.

여기에서 그가 앞으로의 내 행선지를 묻기에 조선, 노령 지방을 만유할 목적으로 우선 부산항부터 내지를 거쳐 육로로 경성에 간 뒤 경성에서 다시 육로를 거쳐 원산진에 가고 여기서부터 해로로, 블라디보스토크에 항해할 예정이라고 상세히 말해주었다. 그는 우선 내 마음을 얻은 것을 기뻐하며 어쨌든 동행해주기로 약속하였고, 앞으로의 행로(行路)에 대한 자문은 총영사의 의견을 듣기로 하였다. 다음날 아침을 먹은 뒤 고모리 씨와 제국총영사관에 가서 총영사, 무로다 요시아야(室田義文, 1847-1938) 씨를 방문하였다.

---

16) 1856-1930. 쓰시마 출신으로 메이지8년 부산에서 해운·제염·수산·여관업 등의 사업을 하였다.

7월 26일

■ 내지 여행에 대한 영사의 담화

영사가 간곡하게 조선의 사정을 말하고, 또한 내지 여행에 대해서 그 소견을 진술하여 말하기를 "무더위에 조선의 내지 여행은 매우 곤란하다. 여기서 경성까지 대략 1천 2백리이고 중도에 별일이 없다면 17, 8일에 도착할 것이다. 도로는 인도라고 말하기보다 오히려 수도라고 할 정도이고, 장마를 만나면 4, 5일이 지체되는 것은 이상하지 않다. 주막은 조선인의 술집으로 냄새가 심하고

무로다 요시아야 총영사

밤에는 빈대, 모기, 이 때문에 편안하게 잘 수 없다. 식물, 침상 및 한전(韓錢)을 실어야 하기 때문에 말 2마리, 통역 한 사람을 데리고 다니지 않으면 안 된다. 만약 부산에서 원산진으로 항해하여 블라디보스토크에 간다면 다시 원산진에 돌아와서 여기서부터 내지 550리를 횡단하고 경성을 지나 인천을 거쳐 귀항하지 않으면 안 된다"고 하였다. 여기에서 이것을 결정하고 기타 이 나라에 관한 여러 가지 담화를 듣고 돌아왔다.

▣ 부산의 기후 및 지질

부산항은 북위 35도 6분 6초, 동경 129도 3분 2초로 우리 누마즈(沼津), 나고야, 교토 등과 위도가 같지만 기후에 있어서는 한서(寒暑)의 차이가 자못 격심하다. 당시 해관의 실측 보고에 의하면 그 온도는 다음과 같다.

기온표(섭씨)

시기	1886	1887	1888	1889
1, 2월	영하 10도	영하 4도 7	영하 3도 7	영하 4도
7, 8월	32도 7	32도 7	32도 8	32도 6

그리고 이곳은 여름에 강우량이 적다. 올해도 내가 도착하기 전까지 이미 40일 동안 비를 볼 수 없었다고 한다. 이와 같은 기후는 아시아 대륙의 내지성(內地性) 기후에 근접해 있기 때문이기도 하지만 이 지역에 삼림이 적은 것도 그 원인일 것이다. 지금 눈앞에 보이는 산봉우리는 모두 벌거숭이이고 관목(灌木)을 보는 것도 매우 희귀한 일이다. 이는 산림보호 제도가 없고 나무를 함부로 베어버린 결과다.

이곳의 지질이 수목의 생장에 적합하지 않은 것은 결코 아니다. 부산 근방의 지질은 대부분이 신 화산암 혹은 비회집괴암(飛灰集塊岩) 등으로 이루어져 있어 소나무, 삼나무, 떡갈나무 같은 수종들이 매우 잘 자랄 여건이다. 하지만 우리가 볼 수 있는 것은 사람들의 도끼질을 다행히 면할 수 있었던 송백과(松柏科)의 나무들이 고립되어 드물게 자라고 있는 모습이다.

▣ 부산 거류지의 광경

당시 부산의 일본인 거류지에는 일본 가옥이 대략 1천 호, 재류인 4,780명이 있었고, 여행객을 더하면 평상시에 7천 명에 이른다고 한다. 거류지에는 소학교가 있고, 우편전신국이 있으며, 병원이 있다. 제1 및 제102은행 지점도 있다. 또한 우선(郵船)회사 지점이 있고, 총대역소, 상법회의소, 공원 등도 갖추어진 완연한 하나의 소 식민지로서 몸이 외국에 나와 있다는 것을 알 수 없을 정도였다.

시내를 왕래하는 사람은 일본인, 조선인이 반반이고, 조선인은 예의 흰 옷과 검은 모자를 쓰고, '막대기'같은 담뱃대를 손에 들고 있는 모습이 모두 동일하다. 간혹 귀인(관인)이 색깔 옷을 입고 가마를 타고 사람들로 하여금 지게 하여 왕래할 때도 있다.

빈민들은 더러운 옷을 입고 우리나라 풍속의 '야세우마(瘠馬)'와 비슷하게 생긴 '지게'라 불리는 일종의 '오이고(負子)'를 등에 지고, 소의 다리나 야채를 여기에 넣어 한여름에 햇빛에 드러내며 일본어로 소리를 지르며 판다. 예를 들어 소고기면, '소고기입니다' 가지라면, '가지 어떤가요?'등 반말이 섞인 일본어로 연속해서 외치며 행상을 한다. 나는 소고기를 좋아하긴 하지만 유혈이 낭자한 소머리 등을 의심스러운 '지게'에 넣어 뙤약볕에 드러낸 모습을 보면, 그냥 웃고 말 수밖에 없다.

■ 조선인의 풍속 및 습관

　거류지를 배회하는 조선인들을 보면 누구나 체격은 건장하고 큼직하다. 신장이 평균 대략 5척 6, 7촌이 될 것이고, 코가 높고 눈썹은 잘 생기고 코 밑과 턱에 수염을 기르고, 용모가 매우 온아(溫雅)하다.

부산 서부 시가지

　머리는 땋아서 늘어뜨리는 방식과 정수리에 상투를 틀어서 갓을 쓰는 두 종류가 있다. 내가 들은 바로는, 다박머리를 늘어뜨리는 자는 미혼자로 총각이라 불리는데 사람대접을 해주지 않고, 관을 쓴 자는 기혼자로 대인(大人)이라고 칭한다. 물론 집안의 수준 여하에 따라 달리 대접하는 것이라서 미혼자라 하여 모두가 존중받지 않는다고 말할 수는 없다.

부산 상업회의소

　때문에 자산이 있는 자 및 집안이 괜찮은 자는 빨리 관을 쓰고 처를 거느리는 것을 영예로 여겨 경쟁적으로 조혼의 폐단에 빠진다. 그러므로 나이 겨우 12, 3세로 아내를 갖는 자가 적지 않다. 보통 남편보다 2, 3세 연장자를 아내로 삼는다. 반면 빈곤한 자는 결혼식에 많은 비용이 들어가

부산 우편국

므로 나이 30에도 아직 상투를 틀지 못한다. 12, 3세의 대인에게 총각! 총각! 이라고 멸시 당하는 풍속은 다른 사람이 보기에는 자못 이상하다.

신발은 짚신, 혹은 가죽신을 신고 허리에는 항상 두 개의 주머니를 달고 다닌다. 주머니 중 하나에는 담배를 넣고 다른 하나에는 거울과 빗을 넣는다. 조금의 틈이라도 나면 거울에 비쳐 머리를 빗는 것이 남자들의 일반적인 풍속이다.

조선인들은 상을 당하면 이것을 매우 존중하여 3년 동안 반드시 상복을 입는다. 길거리에 소복을 하고 깊은 갓을 쓰고 있는 자를 만나면 복상자(服喪者)라는 것을 알 수 있다. 이렇게 예를 중히 여기는 반면, 그들이 길거리에서 지인과 서로 만나 예를 다하는 것을 볼 수 없는 것은 이상한 일이다.

우리들은 오늘까지도 아직 조선 부인을 보지 못했다. 거류지를 배회하는 것은 모두 남자뿐이다. 대체로 조선의 기혼 여성은 남자에게 그 얼굴을 보이는 것을 부끄럽게 생각한다. 하물며 외국인에게는 더욱 그렇다. 그러므로 부인은 외국인이 거류하는 조계에 발을 들여놓지 않는 것이 관례이고, 이들이 오는 것은 일본 조계의 경계 표시까지다.

위에서 말한 건장하고 온아한 선생들이 일본 가게 중 조금 진기한 곳에는 파리떼(蒼蠅) 같이 모여들어 쫓아내면 또 오고 또 온다. 당당한 의관을 갖춘 인사들이 일본 어린아이의 질시와 조롱을 받는 것은 그들이 용모에 걸맞지 않게 이미 그 무기력을 드러내는 것으로서 우습기 짝이 없는 일이다.

■ 조선인의 일반 생활

거류지 안의 여기저기를 산책하다 보면 시의 서쪽 끝 '서(西)'라고 불리는 곳에 조선인이 사는 집이 5, 6호 있는데 그곳의 더럽고 남루한 상태는 실로 심하다. 그 가운데 삶은 음식을 파는 가게 같은 곳이 있는데, 벽이 없는 초라한 집 아래 가게 주인이 중앙에 앉고 조선인 손님 7, 8명이 책상다리를 하고 둘러앉아 돈을 내고 음식을 먹는 모습은 마치 거지움막을 보는 것과 같아서 그 불결함이 이보다 심한 곳은 아마도

시골음식점

없을 것이다. (훗날 생각해 보니 그래도 이들은 우리 거류지 근처에 있어서 비교적 훌륭한 주거지에 살고 있었던 셈이었다)

■ 거류지 잡사(雜事)

일본인 거류지에서는 연회를 하고 술을 먹는 것이 상당히 유행하는지 일본 음식점(割烹店)이 매우 많고 동경루(東京樓), 대합정(待合亭), 경판정(京阪亭)처럼 큰 규모의 것들도 있었다. 물가는 내지에 비하면 조금 비싸고 숙박료는 보통은 35전 내외, 적발료(摘髮料, 머리를 땋는 비용) 10전 등이다.

기후는 고르지 않지만 이날의 온도는 정오에 88도였고 밤에는 해풍이 불어 서늘했다. 오후 9시에는 79도로 내려서 이날 구마모토와 동시에 관측한 보도에 따르면 구마모토는 정오에 90도인데 오후 2시에는 100도 9분에 달하여 이번 여름 최고 온도였다고 한다.(그러므로 이하 기록하는 기상상의 기사는 구마모토와 동시에 관측한 것으로 구마모토 운운이라고 기록하는 것은 비교한 결과이다. 다만 기온만을 기록한다)

7월 27일

■ 조선 부녀자의 용모 및 의상

7월 27일 아침 7시 기온은 79도(구마모토 82도). 우리는 오전 9시에 출발하여 고모리 씨와 함께 조선인의 소굴인 초량동 및 부산포에서 놀았다. 초량동은 지금은 신구 두 마을로 나뉘어 신 초량동은 거류지의 서쪽에 있으며 이를 부민동(富民洞)이라고도 했다. 구 초량동은 거류지의 북쪽인 작은 언덕 건너 아래에 있다. 그러므로 일본인은 이것을 언덕 아래 마을이라고 칭했고, 조선인들도 역시 이것을 따랐다.

이날 놀려고 하는 곳은 바로 그 '언덕 아래'다. 거류지의 시가에서 떨어져 있는 한 작은 언덕을 오르면 반쯤 가서 일본 조계의 표석이 있다. 즉 일본인 거류지 경계다.

조선의 부녀자들이 이 경계에서 참외를 파는 것을 보면 그 용모가 모두 못생겨서 남자의 단정한 용모와 비교가 되지 않는다. 부녀자의 복장은 저고리라고 부르는, 가슴을 덮기에 모자란 짧은 상의를 입고, 아래는 치마라고 부르는 주름이 많은 고쟁이를 입는다. 윗도리와 아랫도리 사이에는 요대라고 칭하는 대를 차고, 복부를 감춘다. 부녀자의 가슴은 저고리로 감추어도 드러나고 걸을 때마다 흔들린다. 부녀자들의 뒷모습을 보면 서양 부인의 복장과 비슷하다.

의상의 옷감은 남자와 같이 모두 무명이다. 이 나라의 제도가 평민의 의복은 남녀 모두 하얀 무명이 아니면 사용할 수 없다고 한다. 그러므로 '포

의(布衣)' 혹은 '백의(白衣)'라고 하면 관직이 없는 자를 대표하는 말이라고
한다.

■ 조선 고유의 냄새가 비로소 코를 찌르다

언덕에는 세무사의 공관이 있고
조선인의 낮고 작은집(矮屋)이 여
기저기에 흩어져 있었다. 우리들은
의심하였다. 과연 여기가 사람이
살 수 있는 곳인지. 그러나 어찌하
랴. 살펴보니 여기를 출입하며 여
기서 자는 사람이 있는 것을.

초량마을

그리고 일종의 악취=조선 고유
의 냄새가 어지럽게 섞여서 처음으로 우리들의 코를 찔렀다. 이 악취는 우
리들에게 갑자기 일련의 의문을 불러일으켰다. 우선, 이 상태에서 국가라
고 말할 수 있는 조직이 실행될 수 있는 것인지, 국민에게 진보와 개량의
생각이 있는 것인지, 청결의 관념이 있는 것인지, 그리고 악취에 대한 감
각이 있는 것인지 등이었다. 그 모두 아닐 것이라는 의문이 든 것이다.

이곳을 지나면 지방관청인 감리아문(監理衙門)이 있다. 그 건축은 좁고 누
추한 민가와는 달랐다. 둥근 기와로 덮고 지붕 아래쪽에는 붉은색과 녹색으
로 채색을 하고, 지붕 위쪽에는 백토로 두껍게 발라 마치 눈이 쌓인 모습이
었다. 이 건축은 일본 직공의 손으로 이루어졌다.

여기에서부터는 한옥이 대부분 연속적으로 들어서 있다. 이 나라 민가 (民家)의 구조는 대소(大小)와 정조(精粗) 면에서 대개 큰 차이가 없는데 여기에 그 구조의 대강을 기술한다.

■ 한옥의 구조

대체로 한옥은 높이가 겨우 6척 5촌 내지 7척에 지나지 않으며, 굴곡이 있는 거칠고 조잡한 소나무 소재를 기둥으로 삼아, 지붕에는 마른 띠(茅)로 덮고 그 위에 새끼줄을 종횡으로 엮는다. 마른 띠로 지붕을 이은 아래는 작은 가지를 옆으로 뉘어서 점토로 그 사이의 틈새를 바른다. 벽도 역시 점토를 두껍게 바르고 중간 부분에는 대개 3척 높이의 네모난 창을 설치하여 이곳을 출입하는 문으로 삼는다. 바닥은 점토를 가지고 높이를 대략 2척으로 바르고, 판석을 그 위에 덮는다. 방바닥 밑에 공간을 두어 부엌과 서로 통하게 하고, 부엌의 화기와 연기가 자유로이 방바닥을 통하도록 하여 추울 때 바닥이 따뜻하도록 만들었다. 이것을 온돌이라고 칭한다. 또 화기와 연기는 집 뒤의 연돌이 있어 이곳으로 나오게 만들었다.

실내는 대개 따로 3실을 두었는데 방(房), 청(廳), 부옥(釜屋)이 그것이다. 방은 평상시 거주하고 침실을 겸하며, 방바닥에 온돌이 있고 따로 부인이 평상시 거주하는 방을 여방(女房)이라고 한다. 청은 손님방과 같은 것이고 부옥은 부엌이다. 방 하나는 대부분 3조 정도이며 4조보다 큰 것은 드물다. 그러므로 한 집의 총 건평은 우리나라 기준으로 3평 내지 6평을 보통으로 하여 그 협소함을 미루어 짐작할 수 있다.

일반적으로 한옥은 아치가 부족하고 복도가 없다. 또 가재도구도 없고 실내에 장식물이나 액자를 볼 수가 없다. 더욱이 정원, 꽃, 분재 등과 같은 것은 전혀 없는 곳이다. 담장은 돌조각을 진흙에 섞어서 높이 5척 정도를 집에 가까이 접하여 이것을 사방으로 둘러 출입하는 한쪽을 열 뿐, 그 옹색함은 이루 말할 수 없다.

요컨대 한옥은 오로지 추운 겨울을 막는데 적합할 뿐 여름에는 적당하지 않다. 한창 무더울 때라도 취사시의 화기는 온돌을 통해서 방안을 뜨겁게 하고 집안의 창문은 작아서 공기의 흐름을 방해한다. 거기에 사방의 담은 밖으로부터의 바람을 차단하고 있다. 이렇기 때문에 사람들은 여름에는 집밖에서 자고 먹으며 실내에 있는 일이 드물다. 그러나 부인은 다른 사람을 만나는 것을 치욕으로 여기는 습관이 있어서 가련하게도 깊은 창 가운데서 바느질을 일삼아 하루 종일을 보낸다고 한다.

조선인의 한옥

▣ 조선인의 실내 경작 및 촌락

실내의 가구를 보면 가마솥, 단지, 대나무 광주리, 금속제 주발, 기타 두세 가지 식기 외에는 거의 아무 것도 없다. 사람은 게으르고 누워서 담배를 피우는 자, 혹은 길가에 앉아 있는 자, 혹은 나무 아래서 자고 있는 자, 혹은 장기를 두는 자 등이고, 드물게 직업을 갖고 일을 하는 자가 있다.

굳이 직업에 대해 말하자면, 상업은 이점(狸店, 가게라고 말할 수 없는 상점-옮긴이)이 있어 길가에 돗자리를 펴고 짚신, 잎담배, 과자류를 진열한 것이 가장 많고, 간간이 실, 구슬, 성냥, 거울, 칼 등 일본에서 수입한 잡화를 소량으로 파는 자가 있다. 음식물을 파는 곳에는 우뭇가사리(石花菜), 삶은 콩나물이 있고, 심어·가조기의 포를 뜬 것은 이미 부패해서 악취를 내고 있어 한번 보면 구토를 하게 된다.

또한 길가에 쌓인 오줌은 햇빛에 김이 날 정도이고, 길가에 쌓인 똥은 걸음을 방해한다. 이에 더하여 가는 곳마다 마른 개들이 미친 듯이 우리들을 보고 짖어서 불쾌하여 견딜 수 없었다.

조선인들은 우리가 오중(五中)[17]학교 모자를 쓰고 있는 것을 보고 일본인 군인이라는 소리를 자주 했다. 마을 가운데 이사부(理事府)의 간판이 있는 관아가 있다. 즉 지나(支那) 영사관이 있는 곳인데 황룡의 국기가 하늘에 펄럭이는 것을 볼 수 있었다. 영사관 근처를 지나면 상점이 십여 개 있다. 모두 작은 가게로 잡화를 판다. 여기서부터 다시 조선인들의 누추한 가옥 사이를 잠깐 지나면 논밭 사이로 나오게 되어 청정한 자연을 보며

---

17) 1887년에 설립된 제5고등중학교로 1894년에 제5고등학교로 개칭되고, 1949년 구마모토대학으로 포괄된다.

처음으로 심호흡을 시도해 보았다.

논밭의 풍경을 보면, 토양은 화산암으로 이루어졌고 양분이 조금 풍부한 충적층으로 보이는 곳이 대략 50정보 되는 경지인데 논이 절반 정도 있다. 그곳에 심은 것들을 보면 일본과 다르지 않지만 조금 촘촘하게 심어서 잘 자라지 않는다. 이것은 비료를 전혀 주지 않은 결과일 것이다. 밭에는 대부분 대두나 소두를 심고, 일본에서 본 것보다도 아직 많이 작다. 농부는 석(錫)이라고 부르는 낫 같은 것으로 밭두렁의 잡초를 뽑고, 또는 땅을 갈아엎고 있었다.

사방의 산은 모두 벌거숭이산으로 잡초만 무성하고 드물게 적송(赤松)이 홀로 있는 것을 볼 수 있을 뿐이다. 촌락 안에도 수목이 없고 죽림(竹林)도 없으며 숲(叢林)도 없다. 다만 붉은 땅에 작고 초라한 움막이 나열되어 있을 뿐이다. 붉은 먼지가 날려서 얼굴을 치는 모습이 매우 심하고 삭막하다.

이 논밭 사이를 지나면 바로 부산인데, 혹은 이곳을 고관(古館)[18]이라 칭한다. 여기는 종래 우리 일본관을 두었던 곳이다. 초라한 집이 연속 들어서 있는 것은 초량과 다르지 않다. 부산진은 마을의 중앙에 있어서 성채로 둘러싸여 있고 성문에는 금루문(金壘門)이

부산진 성지

---

18) 1607년에 두모포에 왜관을 설치했으나 이후 1678년 4월에 초량으로 왜관이 이전되면서 두모포 왜관을 고관이라 부르고 초량 왜관을 신관으로 부르게 되었다.

라는 표시가 있다. 뒷면의 언덕에 성지가 있다. 임진왜란 때 고니시 유키
나가(小西行長, 1558~1600)가 하루아침에 여기를 점령하고 수장 정발(鄭
撥, 1553~1592)을 사로잡아서 조선 군대를 꺾은 곳이라고 한다. 우리는
여기서 발걸음을 돌려 불결한 민가 사이를 지나서 정오 전에 거류지의 여
관에 도착하였다.

■ 용두산 및 용미산

오후 3시에 이곳의 일본공립소학교장 다케미쓰(武光群藏) 씨가 내방
하였다. 무로다 총영사의 소개에 의한 것이다. 씨는 치바 현 사람으로
1889(메이지 22)년 봄에 부임했다고 한다. 여러 가지 교육에 관한 대담을
한 끝에 내일 아침 학교를 참관할 것을 약속하였다. 이날 정오의 온도는
84도(구마모토 90도), 밤이 되자 78도로 내려갔다.

시내를 산책하다 보니 용미산(龍尾山)
은 용두산(龍頭山)과 마주보고 있었다.
소나무가 어지러운 사이에 있는 가토 사
묘(祠廟)에 참배했다. 보름의 만월은 절
영도(絕影島) 위에 떠서 옥소리가 멀리
서 들리는 듯하니, 자못 금석(今昔)의
정에 젖게 만든다.

용미산의 가토 사묘

7월 28일

■ 부산에 있는 일본 소학교

7월 28일 맑은 아침 87도(구마모토 75도). 오전 8시부터 고모리 씨와 함께 소학교를 견학하였다. 교사(校舍)는 부산항의 서부, 용두산 아래에 있고, 교원 7명이 모두 내지인이다. 생도 320명이 있고, 모든 것이 자못 정돈되어 있다는 것을 느꼈다.

고등과(高等科), 심상과(尋常科)의 양과에 각 학급이 모두 갖추어져 있다. 과정은 내지(일본 본국─옮긴이)의 교과와 다르지 않지만 다만 영어 및 조선어 두 과목은 심상과부터 가르치고, 두 과목에 매우 중점을 두고 있었다.

다케미쓰 교장의 안내로 각 교실을 순람한 뒤 생도의 작문을 보았다. 글자와 문체가 우등한 것도 내지의 소학생도에 비해 못하지 않았다. 대개 이곳에 거류하는 일본인은 누구나 내지와 관계를 갖고 있기 때문에 편지(書狀)는 실제적으로 필요한 것이라는 것을 느끼게 했다.

교사의 말에 의하면 생도의 대부분은 이 나라에서 태어나 일찍이 일본의 고향 땅을 밟은 적이 없고, 따라서 고향의 실황을 아는 자가 적다고 한다. 그러므로 일본의 실황 및 국가의 관념을 부여하기 위해 크게 고심을 요하며, 이것이 내지와 다른 점이라고 한다. 실로 그럴 것이다.

이 학교는 처음에는 본원사(本願寺)파 출가 승려의 손에 있었기 때문에 데라코야(寺小屋)[19] 풍이었지만, 무로다 총영사가 부임한 이래 개량해서

---

19) 에도시대 서민의 자제에게 읽고 쓰기, 계산이나 실무상의 지식을 교육한 민간 교육시설.

마침내 1889년에 소학교라는 조직이 되었다. 학교 유지비도 영사가 스스로 솔선해서 자금을 냈고, 이에 따라 다른 거류민들에게도 기부를 촉구하였다. 아울러 잉여금이 발생하면 이것을 모두 학교 유지비에 보태서 점차 독립 방침을 취하였다고 한다.

조선인으로 하여금 우리를 따르게 하려면 먼저 교육으로 유도하는 것이 가장 좋으므로 조선인의 자제가 우리 학교에 입학하는 것을 허가하였다. 실제로 이 소학교에 입학해서 일본어를 배우는 자도 이미 20명에 이르고 이들 자제에게는 우선 보통과를 배우게 하고 나아가 의술을 닦게 하려 한다 하였다. 이것은 저들을 이끄는 한 방편이 될 것이라는 담화가 있었다.

■ 국가에 대한 조선인의 사상

학교를 나와 영사를 방문하여 먼저 가와카미(川上) 서기생에게 원산 경성 간의 여행 경험에 대해 물었다. 씨는 일찍이 양 지역을 여행한 사람이다. 우리는 조선 내지를 횡단할 예정이었으므로 도움이 되는 바가 적지 않았다.

다음에 무로다 총영사는 이 나라의 사정에 대해 말해 주었다.

"조선의 국가 단결은 자못 박약하다. 국민 모두가 국가적 관념이 없지는 않지만 매우 모호하다. 다만 양반(양반은 문무관을 총칭하는 것으로 문관은 동반, 무관은 서반이라 하며, 이들 사대부는 관직에 나아갈 수 있도록 제도화되어 있고, 현직에 있건 재야에 있건 이런 자격 이상을 갖춘 층을 양반이라 함) 이상은 충군애국(적어도 그런 뜻) 등의 사상을 갖고 있다. 하지만, 현재의 국왕은 함경도 출신 계통에 속하며, 만약 현 왕실이 무너지게 되면, 공화국 국민과 대통령의 관계처럼, 다른 성씨가 이를 대신할 것이라고 생각할 수 있다.

또한 일본에 대한 지나(支那)의 경향을 살펴보면, 인민은 물론 그 정부도 최근 점점 일본에 의향이 있는 것은 분명한 사실이다. 그렇다 하더라도 어떻게 해야 할까. 저들과 우리는 문화의 정도가 이미 크게 현격하여 저들의 조잡하면서도 만사 간단한 처리에 비해 우리가 하는 것은 모두 정중이 지나쳐 오히려 귀찮을 정도다. 어떤 점에서는 도리어 지나의 아직 거칠고 빠른 처리가 좋은 것인지도 모른다.

예를 들면 이번 황제도(黃提島)[20] 살상 사건과 같이 우리는 충분하게 사실을 탐구하여 저 정부 및 지방관 등과 여러 차례 왕복하여 증거를 확인한 뒤에 본국 정부의 훈시를 기다려서 비로소 이것을 처리한다. 이것이 번잡하다 해도 만약 우리가 일 처리 방식을 바꾸어 지나처럼 하면 되는 것인가.

지나(청나라)는 다만 위안스카이(袁世凱, 1859~1916) 일 개인의 허락 여부를 가지고 일을 결정할 뿐이다. 그러므로 일본과의 교섭은 복잡하다고 하여 이것을 피하려고 하는 경향이 있다. 만약 어느 일을 조회하는 데 있어서 또 예의 귀찮은 규칙이 있다고 하여 저 나라의 관리는 먼저 이맛살을 찌푸리는 것이 일상이다. 이것은 본래부터 사회 정도의 높고 낮음, 실로 어쩔 수 없는 것에 의한 것이지만 조선에 대해서는 하나의 장애가 될 것이다."

그는 이런 담화를 들려주었다. 그 후 나는 이곳의 측후소를 보고 싶어서 영사의 소개를 얻어 측후소를 방문하였다.

---

20) 전라남도 완도군에 소재한 섬. 이 섬에서 일본인 2명이 살해된 사건을 말함.

▣ 부산측후소

부산측후소는 우편전신국 안에 있다. 국장 마쓰무라(松村昇一) 씨를 만나 관측의 경황을 물으니, 전담 기술자(專務 技手)는 없고, 전신 기술자(電信 技手) 2명에게 촉탁하여 관측시킨다고 한다. 이에 나에게 기수 2명을 소개해 주었다. 안내에 따라 관측소 안의 관측기를 보니 기압계, 한난계, 풍신계, 우량계 등이 있지만 모두 완전하다고 할 수 없었다. 특히 우량계 장치장(裝置場)이 적당하지 않고 최고 최저 한난계와 풍력계가 갖추어지지 않은 것, 풍신계가 불완전한 것 등은 더욱 개량을 서둘러야 하는 점이었다. 이곳은 일본 기상의 관문이 되기 때문에 여러 가지 주의할 점 등에 대해 이야기를 나누었다. 돌아오니 다케미쓰 씨가 찾아와서 이 나라에 관한 여러 가지 서적을 대여하였다.

▣ 부산의 해수욕

저녁 식사 후 시내를 산책하고 드디어 무로다 영사가 가는 해수욕장에 이르러 해수욕을 하였다. 이곳의 조수는 염분이 많아 해수욕에는 가장 적당하다고 한다. 이 지역의 강우량이 적고 쓰시마 해류의 일파가 부산만 안에 진입하는 데 따른 결과다. 그 증거로 기온이 낮은 날에는 바다 표면의 연무가 심하고, 겨울철이 되면 지표 1척 정도는 바다 온도 때문에 결빙되지 않지만, 그 이하에서는 결빙한다고 할 수 있다.

▣ 가토 기요마사가 호랑이를 잡은 산

해수욕장을 나와 서쪽 근교를 산책하다
보니 서북방 대략 1리 되는 곳에 구덕현(九
德峴)이라 불리는 고개가 있었다. '문록의
역(文祿の役)'(임진왜란을 말함. 이하 동
일) 때, 토히슈(藤肥州, 가토 기요마사를
말함-옮긴이)가 호랑이를 잡은 곳이 이 고
개라고 전해진다. 그림으로 봤을 때는 노
송이 울창해서 숲이 골짜기를 덮을 정도

가토 기요마사

였으나, 지금 실제로 바라보는 곳에는 소나무도 숲도 없는 예의 민둥산이
다. 호랑이가 살만한 곳이라고 생각되지 않았다. 그러나 조선의 호랑이는
항상 이런 민둥산의 동굴에 산다고 할 수 있다.

📖 7월 29일

▣ 부산항 감리서에서 받은 호조

7월 29일 맑음, 87도(구마모토 84도). 어제 원산진에서 입항한 사쓰마마
루는 오늘 이 항구에서 내지로 귀항하므로 오전에는 여관에 머물면서 여러
통의 편지를 썼다.

정오 온도 90도(구마모토 90도). 오후 총영사관을 방문하니 나카가와(中川) 고등중학장으로부터 내가 고등중학 교관임을 증명하는 전보가 와 있었다. 이것은 우리가 내지여권을 받는 증명이다. 내일 아침부터 이곳을 출발하여 동래부 및 금산온정을 거쳐 울산에 있는 가토 기요마사의 옛 성지를 방문할 예정이므로 무로다 총영사로부터 동래부사, 이호생(李鎬生)에게 보내는 소개장을 부탁하였다. 또 내지에서의 보호를 위해 부산항 감리서에서 울산 첨사에게 보내는 호조(護照, 내지여행권)를 받았다. 호조는 다음과 같다.

울산부　　　公兄　　　　　開拆

私通, 日本學校長 小森慶助, 學校敎官 矢津昌永, 兩員, 遊覽次, 方爲前往本邑等地, 所到處 各處, 恪別護送, 毋至中間生弊之地, 幸甚爲乎乙事(사통, 일본학교장 고모리, 학교교관 야즈 두 사람은 유람차 바야흐로 본읍 등지를 왕래하려는 바, 가는 곳마다 각별히 호송하여 중간에 폐해가 생기지 않도록 하기를 바란다)

계미 6월 17일　　　부항(釜港)감리서 회계서리　　　朴

박이란 박기숭(朴基崇)[21]으로, 씨는 오랫동안 일본에 와 있었기 때문에 일본어를 잘하며 자못 우리나라의 사정에 능통한 문명적 인물이라고 할 수 있다. 밤에 가와카미(川上) 서기생(書記生)이 찾아왔다.

---

21) 박기숭은 朴琪淙의 오자인 듯하다. 박기종은 1876년 관직에 진출해 부산판찰관, 부산경무관 겸 절영도 첨사, 외부참서관, 중추원의관을 지냈다. 수신사의 역관으로 일본에 두 번 다녀오기도 하였다. 부산 최초의 근대학교인 개성학교를 설립하였고, 1898년 민간철도회사인 부하철도주식회사를 설립하여 부하철도를 건설하려 했으나 자금 부족으로 그만두었다. 이후 여러 차례 철도사업을 추진했으나 일본 측의 방해로 뜻을 이루지 못하였다.

7월 30일

▣ 울산 여행에 오르다

7월 30일 아침 83도(구마모토 82도). 우리는 오늘 아침에 울산을 향하여 조선 내지 여행의 첫 번째 일정에 오른다. 날씨는 오후에 매우 뜨거워서 아침 일찍 떠나기 위해 서둘러 여장을 꾸리고 어제 여관 주인에게 부탁하여 고용할 우리들의 통역 겸 안내자인 조선인 김 서방이 오기를 기다렸다. 겨우 8시 전에 그가 왔다.

저들 조선인은 완만(緩慢)하여 약속을 지키지 않는 것이 모두 이와 같다. 그러나 이런 것이 일상이 되어 깊이 책망할 수도 없다고 한다. 김 서방에게 도중에 필요한 물품을 지게 한 목록은 다음과 같다. 한전(韓錢) 4관문(貫文), 간장 한 통, 술 1병, 청수(淸水) 1통, 절인 것 1포, 기타 잡품이다. 지금 이들 휴대품에 대해서는 도중에 필요할 때 기술한다.

▣ 우리들의 휴대품

(1) 한전(韓錢): 조선은 지금까지도 아직 청나라 동전(靑錢)을 사용하고 다른 화폐 및 지폐를 사용하지 않는다. 그리고 그것을 교환하는 비율은 수시로 높낮이가 달라서 일정하지 않다고 하는데, 현재는 15할이라고 칭해서 한전 1문(文)은 우리의 1리 5모에 해당한다. 가지고 간 4

관문은 4천문으로 우리 돈으로 겨우 6엔에 해당하는 것에 지나지 않는다. 우리 두 사람은 4일의 여행을 하는 동안 적어도 4, 5관문을 가지고 가지 않으면 안 된다. 그러므로 만약 10여 일에 걸치는 여행을 할 때는 경비로 쓰일 한전을 싣기 위해서 말 1필을 동반하지 않으면 안 되니, 그 불편을 알 수 있다.

(2) 간장: 내지를 여행할 때는 조선인의 주막에 묵고 한식을 먹지 않으면 안 된다. 그러나 처음 여행하는 자는 한옥은 물론 그 밥과 반찬에서 일종의 악취가 있기 때문에 먼저 구토가 나서 이것을 먹을 용기가 있는 자가 적다. 그러므로 갖고 간 간장을 이용하여 계란을 먹는 것이 고작이다.

(3) 술: 여름에 내지를 여행하는 것은 실로 유쾌하지 못한 일이다. 불결함과 악취는 말할 것도 없고 밤에는 빈대, 모기, 이 등에 물려서 편안한 잠을 취할 수가 없다. 그러므로 주막에 방을 빌린 뒤, 한잔의 술을 마시고 잠을 청하여 내일의 고생에 견딜 수 있게 예비하는 것이 가장 필요한 일인 것이다.

(4) 청수(淸水): 조선은 가는 곳마다 맑은 물이 귀하다. 길가 여기저기에 우물이 있어도 대부분은 더러운 물로 마실 수 없다. 한옥에서 물을 청하는 것은 한층 위험한 일로, 때로는 혹은 가마솥을 씻은 물 또는 불결한 탁수를 준다. 그러므로 늘 물통을 휴대하여 만약 깨끗한 물을 만나면 이것을 길어 가지고 다녀야 한다. 꼭 필요한 일이다.

■ 초량 마을 김 씨의 집

이렇게 제반 준비를 갖추고 오전 8시에 출발했다. 갈 길을 서북방으로 잡고 거류지를 거쳐 구 초량동을 지났다. 더러워서 악취가 진동하는 것이 본래부터 심하다고 해도 지난번과 같은 대단한 불쾌감을 느끼지는 못했다. 우리도 이미 어느 정도 익숙해진 때문일 것이다.

초량은 김 서방이 거주하는 마을이다. 그 동네를 지나면서 김 서방은 우리를 자기 집으로 초대하여 쉬어갈 것을 권했다. 권하는 대로 이르자 우리들을 대청마루의 상좌로 안내했다. 그런데 김 서방의 아내는 우리가 도착한 것을 알고는 재빨리 뒷문으로 도망가서 집에 없었다. 그래서 차는 물론 물도 없었다.

김 씨는 거류지에서 일본인에게 고용된 조선인 중에 우두머리이고 이 나라에서 사대부에 상당하는 사람이다. 연령은 33세이고 불완전하지만 일본어를 알고 기타 일본의 풍속과 습관을 항상 흠모하는 자다. 안면은 마마 자국 때문에 그 얼굴이 많이 상했지만 수염을 길러서 풍모가 천해 보이지 않는다. 집에는 노모, 손윗누이, 부인이 있었다. 부인은 이 나라의 일반적인 풍속과는 달리 김 씨보다 11살이 젊다. 즉 22세이고 게다가 신혼이라고 한다.

집안의 문은 조잡하지만 열리는 문을 갖추고 있고, 가옥도 비교적 넓으며 또한 청결하다. 그리고 암펠라(アンペラ) 식으로 만든 가리개의 한 집 건너는 곧 이웃집이다. 내가 시험 삼아 여기를 엿보니 젊은 부인이 손에 절굿공이를 들고 절구질을 하고 있다가 내 그림자를 보자 멀리 도망가 버렸다. 그 집안에는 남자가 거울을 보면서 용모를 손질하는 것을 보았다.

우리들이 김 씨의 집에서 휴식하는 사이에 집안사람들은 모두 집 바깥으로 숨어 집 뒤의 창에 서서 여우와 너구리처럼 창틈으로 우리를 엿보고 있었다. 우리를 보면 저들은 바로 숨고, 보지 않으면 또 엿보는 모습이 실로 우습다. 이 나라의 풍습(國風)이라고는 말하지만 기이한 풍습이 아닌가.

■ 의사와 매점

김 씨 집을 나와서 초량을 지나면 부산 고관(古館)이다. 해변가에 부산성곽이 있는데, 성곽의 주위 사방 2정(町) 정도를 갈색의 화산암으로 쌓았고 높이는 대략 2칸이다. 마치 벽돌집이 타다 남은 자리를 보는 것 같았고, 성곽 안에는 큰 개오동나무가 여러 그루 있었다. 이것과 마주하여 서쪽 언덕 위에 있는 보루는 고니시 유키나가(小西行長)의 성지다.

부산은 초량에 비해 인가가 조금 많으며, 대략 1천호가 있다고 한다. 앞으로 나아가는 길을 따라 초가집이 이어졌다. 머리 위에 짐을 이고 가는 부인, 벗은 몸에 맨발인 채로 배는 항아리처럼 불룩한 아이들이 길에 가득했다. 집 안에는 갓을 쓰고 수염이 있는 사람, 시를 읊고 있는 사람도 있었다.

간간이 누추한 집의 창에 '약국(藥局)' 혹은 '신농유업(神農遺業)'이라 쓰인 곳도 있었는데, 여기는 조선의 의사가 매약점(賣藥店)을 겸하고 있는 곳이라 할 수 있다. 우리들은 그가 의사인지 약제사인지 알아낼 수 없지만, 만약 환자가 약을 구할 일이 있다면 병의 증상이 어떠한지 관계없이, 낡은 주머니에서 이상하게 생긴 물건을 찾아내 이것을 복용하라고 한다. 그러므로 일단 병에 걸리면 자연히 회복을 기다리든지, 다만 죽기만을 기다리는 수밖에 없다.

또한 '필방(筆房)'등이라고 쓰여 있는 곳도 있었는데, 파는 물건은 눈에 띄는 것이 없다. 다만 상품이라고 생각되는 것은 길가에 원형의 돗자리를 깔고, 오이, 옥수수, 사과, 과자 등을 진열한 것에 지나지 않았다. 그밖에 작은 물고기를 목판에 쌓아놓은 것, 소뼈를 도마 위에 올려놓은 것, 양·돼지·개의 고기를 파는 가게가 각각 하나 있는 것을 보았다.

대개 게으름, 불결, 누추함 등은 가는 곳마다 눈에 보여서 중앙아프리카도 이럴까 하고 생각하게 된다. 겨우 마을을 통과하니 수목은 없었지만 파란 봉우리와 푸른 논밭이 나타나 처음으로 상쾌함을 느낄 수 있었다. 갖고 있는 청량제를 짐 속에서 꺼내서 마시고 나쁜 기를 털어낸다.

내천 길 하나를 지나면 하천에 강물은 없고 모래만 쌓인 부산하(釜山河)가 있다. 비가 내리면 왕래가 두절되는 곳이다. 지금은 날이 정오에 가까운데 길옆의 수목 아래 쉴 만한 그늘이 없다. 화강암이 부서진 가는 모래는 뜨거운 햇빛에 반사되어 얼굴에 반짝반짝 빛났다. 한난계를 검사하니 98도를 가리킨다(구마모토는 87도, 서쪽의 청량 바람이 있다고 한다).

도마 위에 올려놓은 우골

이곳에는 까치(邊鵲, 우리나라에서는 이것을 고려새라고 한다)가 많고, 사람을 무서워하지 않는다. 나는 몇 번 권총(短銃)을 작동해서 이것들을 저격했다. 매우 유쾌했다. 하지만 토착민 등이 총성을 듣고 무서워한다는 말을 듣고서는 이것을 그만두었다.

이제는 장차 동래부에 들어가
려고 한다. 길가에 작은 초가집
이 하나 있어 들어가 쉬었다. 그
집에서는 참외, 옥수수를 파는
데 남녀 7, 8인이 참외를 먹거
나, 혹은 담배를 피우고 담소하
고 있었다. 내가 소매에서 시계
를 꺼내 점검하니 모여 있던 조
선인들이 신기하게 여겨 이것을
보러 둘러쌌다. 마치 5월의 쉬파
리와 같았다.

동래읍성 남문

멀리 동래부를 바라보니 높이
5백 척의 산기슭으로 성벽이 긴
뱀처럼 구불구불하게 구릉을 둘
러싸고 있었다. 성벽 안에는 인
가(人家)가 가득 차서 호수가 대
략 3천호 정도였다.

무우루(출처, 〈부산대관〉)

1층 누각의 문 즉 앞쪽 문이 세병문이다. 2층 누각
의 문을 朱鳥門이라고 했는데 여기에 '무우루' 현판
을 달았다.

■ 동래부에서 관가를 방문하다

동래부에 도착하면 세병문(洗兵門)이라고 하는 성문이 있다. 반구형(穹
形)으로 쌓은 돌 위에 세워진 누각에는 무우루(無憂樓)라고 쓴 편액이 있고, 여러 색깔이 채색되어 있었다. 대략 수백 년 전의 건축인데 군데군데 파손되어 있고 기와 위에는 풀이 돋아 있었다.

부(府)의 문을 들어가면 관청 건물들이 있고 정면에는 부청(府廳)이 있다. 부사(府使)의 관저가 그 옆에 있었다. 부청의 구조는 마치 우리나라의 절(寺院)과 같다. 세병문을 들어가서 그 왼쪽에는 반쇼(番所, 에도시대의 관문-옮긴이)와 같은 관가가 있다.

김 씨로 하여금 우리들이 도착한 것을 고하게 하고, 부사에게 면회를 신청하게 했다. 조금 지나자 역관이 의관을 갖추고 나왔다. 인사를 나누고 말을 교환하는데 일본어로(약국은 강국에 대해서 항상 이렇게 한다) 부사를 면회하러 온 것인가 묻는다. 우리들은 그렇다고 답하고, 총영사로부터 이 씨에게 보낸 소개장을 꺼내 보여주었다.

역관이 우리들을 안내하여 보원소(報遠所)라는 표시가 있는 관가에 이르렀다. 관리 5명이 있는데, 혹은 쓰거나 담소하고 있었다. 부의 외무 담당이 아닐까 생각되었다. 기록을 보니 모두 말아놓은 것으로 장부가 아니다. 소장(所長)은 잠시 소개장을 읽은 뒤 역관을 통해 우리들에게 "당신들은 군의 용무인가? 사적 용무인가?"라고 물었다. 아마도 복장 때문에 나를 군인으로 오인한 것이었다. 나는 사용(私用)이라고 대답하였다. 그러자 갑자기 말을 부드럽게 하며 안에 청해서 모포를 펴고 거기에 앉도록 했다. 소장은 소개장을 갖고 부사 이 씨의 관사에 이르렀다.

소장이 잠시 뒤에 돌아와서 역관에게 말하기를, "소개장은 이백(李伯)에게 전하였다. 그런데 이가 요즈음 복통으로 왕왕 구토를 하고, 때로는 인사불성에 이르기도 해서 만약 귀객을 응접하는 중에 이러한 일이 있으면 무례가 심한 것이다. 듣기로 귀객은 울산을 유람하고, 돌아오는 길에 다시 폐읍을 지나간다고 하니, 만약 돌아가는 길에 방문하여 주시면 병도 아마 나을 것이니 반드시 환영할 수 있을 것이다. 무더위 중에 방문해 준 것이 감사하다"고 전하였다.

우리는 그에게 자중하고 요양할 것을 전하고 출발하였다. 대개 들어 보니 이 씨는 임기가 얼마 남지 않았고, 그러므로 적당히 피하려는 것이라고 한다. 그런데 후일 무로다 총영사로부터 전한 바에 의하면 이 씨는 다음날 바로 영사에게 글을 보내서, 모처럼의 방문에 이질로 인해 면회를 못해서 유감이었다는 인사를 했다고 한다.

부의 중심지(府市)를 지나서 교외로 나가 대략 1리 되는 곳이 바로 금산온정(金山溫井)이다.

■ 금산온정(金山溫井)

목욕탕은 조선 고대의 건축 방식으로 만들어진 것으로 그 모습이 우리의 사원과 같다. 욕실은 중앙부터 둘로 나누어 하나를 일본인의 욕실로 하고 다른 것을 조선인의 욕실로 하였다. 일본인 욕실은 남녀의 두 욕장으로 나누고, 각각 화강석으로 욕조를 만들어 청결하다. 온천 수질은 유황, 철 성분이며 투명하다. 온도는 매우 높아 170, 80도 정도다. 그러므로 냉수를 튼 후에 목욕한다. 피부병, 류마티스 등에 효과가 있다고 한다. 일본인 욕실은 쓰시마 사람인 고바야시(小林喜作)란 자가 맡아서 관리하는데, 한번 목욕하면 매우 상쾌함을 느낄 수 있다.

숙소는 조선인의 초가집이지만 다른 데 비하면 조금 깨끗하다. 청풍이 저절로 불어와서 시원하다. 토지는 모두 야만인 때문에 유린되어 더러워졌지만 야만인의 손이 미치지 않은 청풍은 천연의 푸른 잎을 부채질해서 자리에 도달한다. 아, 자연은 실로 치우침이 없다.

식후에 서늘한 바람을 맞으며 집밖을 산책했다. 밭에는 군데군데 흰옷을 입은 농부가 논의 잡초를 뽑고 있다. 기분 좋게 창가 하나를 연창해 본다. 또 거칠고 사나운 소리를 질러 본다. 소리는 마을에서 마을로 서로 호응하여 늦은 바람에 되돌아온다. 매우 기이한 느낌이다.

이날 밤 비로소 조선인의 손으로 조리된 한식을 먹고 조선인의 집에서 잤다.

■ 조선인의 음식물

오랫동안 조선에 있던 어느 군의(軍醫)의 말에 따르면 조선인의 음식물은 일본인의 음식물보다 비교적 자양분이 풍부하다고 한다. 이번 기회에 조선인의 음식물에 대해 기록해 본다.

조선인은 쌀을 먹는 사람으로 쌀을 주요한 음식물로 여긴다. 간간이 대두, 소두, 보리를 섞은 것이 있다. 쌀은 일본처럼 잘 찧은 것이 없어서 쌀알에 반점이 있다. 마치 소제(掃除)를 게을리 한 끽연가의 이빨과 같다.

밥을 짓는 방법은 자못 부드럽다. 상 위에는 스프(국물)를 내놓는데 그 조리법에서는 매우 불쾌한 감이 있다. 스프의 제조법은 주막 같은 데서 반드시 큰 솥을 하나 걸고 여기에 소 또는 기타 짐승류의 살을 발라낸 뼈, 발굽, 머리, 내장 등을 가리지 않고 가마솥에 넣어 삶는다. 그렇게 일주일 혹은 열흘 이상이나 솥에 넣어서 끓인다. 그 국물에 후추 된장을 섞어서 마신다. 어류는 신선한 것을 좋아하지 않아서 방치하여 부패하기 쉬운데, 이들은 냄새가 나지 않으면 즐겨 먹지 않는다.

📖 7월 31일

▣ 새벽에 금산을 출발하다

7월 31일 맑은 아침 79도(구마모토 79도). 일찍 일어나 말을 타고 금산을 출발했다. 금산 부근의 평지는 범어사 산의 화강암 연산(連山)과 함께 그 동벽(東壁)을 이루며, 제3기층 구릉 사이에 있는 제4기층으로 화강암의 토양으로 이루어졌다. 제3기층의 구릉에는 푸른 소나무가 서먹서먹하게 살아있다. 새벽바람이 얼굴을 때려 상쾌한 감이 든다.

▣ 기장로(機張路)에서의 소견

조선의 말은 체격이 작아서 당나귀와 같고 보기에는 타고서 먼 길을 가는 데 견디기 힘들어 보인다. 그러나 몸에 비해서는 자못 튼튼하고 스스로 길을 잘 찾아서 험한 언덕을 넘어 가는 모습 등이 매우 묘하다. 말을 치장하는 데는 머리에 여러 개의 방울을 달고, 발걸이(鐙子)를 사용하지 않는다. 걸을 때마다 방울소리가 울린다.

대구로(大邱路)에서 갈라진 호현(虎峴)이라고 부르는 곳에 도착하여 험준한 언덕에 길이 없는 곳을 지나 기장길(機張路)로 나오자, 개울이 있는데 다리가 없었다.

삼각주에는 '한새'라 칭하는 해오라기와 비슷한 백조의 무리가 있었다. 하천 이름을 동천(東川)이라고 한다. 오전 7시에 지경(止敬)이라 불리는 한 작은 마을에 도착했다. 김 씨와 마부의 아침 식사를 먹이기 위해 여기에서 잠시 휴식을 취했다.

이곳은 주막으로 다른 2, 3명의 조선인도 밥을 먹기 위해 와서 쉬고 있었다. 저들이 식사하는 모습을 보니, 땅위에 깔린 돗자리 위에 앉으면 여인네가 발이 넷 달린 팔각 쟁반 같은 것을 각 사람 앞에 갖다놓았다. 쟁반 위에는 놋그릇 사발에 밥을 담은 것, 반찬 여러 접시를 놓았다. 식전에 먼저 탁주 한잔을 기울이고 그 뒤에 숟가락으로 밥과 국을, 젓가락으로 반찬을 먹었다. 요컨대 저들이 사는 집에 비하면 식기, 식품 등은 조금 진보한 것을 알 수 있었다.

지경을 떠나 산골짜기를 지나갔다. 산은 대부분 화산암에 속한다. 10시에 기장역에 도착했다. 기장은 정한(征韓) 때 다시 침략한 곳으로 기요마사는 보루를 설치하고 전쟁을 감독하였다. 당시 울산이 포위되었다는 소식을 들은 기요마사가 와서 원조한 곳이 바로 여기다.

지금 기장의 호수(戶數)는 5백 정도이다. 작은 언덕에 의지해 지어진 초가집이 있는 곳이 기장역이고 중앙에는 기장 성곽이 있다. 첨사의 치소(治所)로 사용되는 곳도 있다. 성곽 뒤의 언덕 위에는 기와집이 한 채 있는

데, 풍경이 괜찮은 곳으로 첨사의 후원이라고 했다.

1리 정도를 가서 원분(元濆)에서 잠시 쉬었다. 토착민 등이 바로 모여와
서 우리를 구경했다. 이 주변에 천연두가 유행하여 그 흔적이 아직 남아
복분자색이 된 자도 많았다. 그중에는 마마 자국이 남아 아직 고름이 있는
손으로 내 우산을 잡고 신발을 만지는 자도 있었다. 매우 불쾌한 생각이
들었다.

■ 반나절 동안 태고 유소(有巢)의 백성을 배우다

11시 반에 동양 마을에 도착하였다. 이 마을 장이 서는 장날이어서 가까
운 지방으로부터 사람들이 여러 종류의 물품을 가지고 와서 서로 교역하기
때문에, 흰옷을 입은 남녀가 많이 모여 있었다. 멀리서 이 모습을 바라보
면 흰 옷을 입은 대군이 주둔한 것 같았고 혹은 백로의 무리와도 같았다.
가까이서 보면 이들이 뒤섞여서 떠들썩한 것이 무엇이라 말할 수 없다.

장에는 부녀자들이 많았고, 진열품은 소, 양, 닭, 야채, 어류 등이었
다. 이미 교환이 끝나면 물품을 머리에 이고 각각 사는 마을로 돌아가는
조선 부녀자들의 모습이 끊이지 않고 이어지고 있었다.

마침 정오가 다 되어 더운 기운이 심하여서 통역 김 씨에게 오찬은 꼭 더
위를 피할 장소로 주선하라고 명했다. 김 씨는 여기저기를 뛰어다니며 주
선에 매우 노력하였다. 돌아와서 말하기를 "저쪽의 무성한 나무가 있는 곳
이 대감의 집인데 거기서 쉬도록 합시다"라고 하였다. 그렇게 우리는 대감

에게 안내를 받아 울창한 숲으로 나아갔다.

대감은 머리와 수염이 모두 은빛인 노인이었다. 그는 갓을 쓰고 긴 지팡이를 끌며 천천히 걸으면서 우리들을 안내하였다. 한 폭 그림 속의 도사였다.

숲에는 밤나무가 무성하게 자라고 있었다. 푸른 잎새가 더욱 무성한 곳을 골라 대략 지상 6척의 높이에 가지를 묶어 울타리를 만들어 저들의 야간 침상으로 사용하는 곳이 있었다. 우리는 그 침소에서 점심을 먹고 햇빛이 비치지 않아 시원하여 생각지도 않게 낮잠까지 잤다. 이것은 마치 태고의 역일(曆日)[22]이 없는 유소(有巢, 중국 고대의 전설적인 성인-옮긴이)의 백성 모습과도 같았다. 우리도 역시 반나절 태고의 즐거움을 맛보았다고 고모리 씨와 서로 돌아보며 웃었다.

우리들이 태고의 한가한 잠에서 깨어난 것은 야만민이 몰려왔기 때문이었다. 소란스런 소리에 눈을 뜨니 나무 위에 있는 침상 아래서는 조선인 등이 김 씨에게 계속 우리들의 일에 대해 물었다. 대개 이곳에 일본인이 오는 일이 매우 드물다. 그러므로 특히 신기하게 생각하여 우리 복장을 바라보고 어느 곳의 양반이냐고 물었다. 김 씨가 자랑스럽게 일본 도쿄의 양반이라고 대답했다. 그의 문답은 실로 재미있었다.

시간이 벌써 2시가 되었기에 우리는 출발하였다. 여기부터는 도로가 험하고 말이 매우 힘들어 했다. 곳곳의 산언덕 중간에 폐허가 있었는데, 왜성이라 칭하고 있었다. 대개 문록의 역(文祿の役)에 일본병이 쌓은 것이라고 하며 작은 성채의 유적이 있었다.

---

22) 천체를 관측하여 해와 달의 운행이나 월식, 일식, 절기 따위를 적어놓은 책.

▣ 험준한 울산로와 그 지질

오후 3시, 해변에 도착하였다. 즉 경상도의 동해안이다. 여기서는 잠시 해안의 촌락을 통해서 가게 되는데, 곳곳에 손바닥만한 밭이 있을 뿐, 마을은 모두 가난한 어촌이다.

해안을 지나 험한 언덕을 올라가기 시작하자 말머리가 사람머리 보다 높고, 내릴 때는 말의 볼기가 사람머리를 넘는다. 화산질(火山質)의 산이 많아서 조선 정벌에서 병사를 통과시키는 것이 얼마나 곤란했을지 상상하고도 남음이 있다.

여러 번 갈라져서 작은 길로 들어가면 마침내 길이 없고 다만 수로를 따라서 지날 뿐이다. 지질은 일변해서 백운(白雲) 화강암이 된다. 이 주변의 화강암에는 곰팡이가 심하게 피었다. 전체 봉우리가 눈이 쌓인 것 같고, 머리 위에 나는 하얀 부스럼 같아 햇빛이 이것을 비추면 눈앞이 어지러울 정도였다. 무딘 돌(頑石)이 돌무더기로 쌓여서 항상 말발굽 소리가 났다.

울산성지(저자의 스케치)

오늘 아침 금산을 출발해서 아직 10리가 되지 않았지만 도로가 험하고 무더위가 심하여 사람과 말이 모두 피로를 느꼈다. 여기에서 잠시 말을 내려서 도보로 걸으면서 말의 피로를 덜어주었다.

〈울산성전투도〉＝병풍그림은 모두 3틀(18폭·1틀 173cm×375cm)로 1597년 조선에 급파됐던 나오시게 가문이 울산성 전투에서 패하고 돌아간 뒤 각종 기록과 증언을 토대로 17, 18세기경 제작한 것으로 일본의 한 소장가가 소유하고 있다.

▣ 울산성지(蔚山城址)에 오르다

오후 5시 반, 봉우리 하나를 넘으니 대략 5백 간 떨어진 좁은 길에서 우뚝 솟은 산꼭대기에 규모가 자못 장대한 옛 성지가 있는 것을 보았다. 이것은 우리 일행이 목적하는 서생포의 성터로 세간에서 울산성이라 부르고, 1597(慶長 2)년 12월 가토 기요마사의 거점이었다. 명나라의 장수 33명과 조선의 장수 7명이 연합하여 포위를 하자 양식이 떨어져 종이를 씹으며 흙을 먹고 말을 찔러서 그 피를 마셨다. 말이 죽으면 오줌을 마셨다고 전하는 유명한 울산농성(蔚山籠城)이 곧 이곳이다.

우리들은 자신도 모르게 용약(踊躍)
하며 돌연 용기가 고무되어 성지 아래
에 도착하였다. 찬찬히 이것을 보는
데 대략 7백 척 정도의 높이다. 한 구
릉을 둘러싼 석루를 쌓고 정상에 천수
대(天守臺)를 둔, 매우 장대한 모습이
다. 바로 오르려고 시도했으나 길이

울산 서생포 왜성

험준하고 경사가 급하다. 35도 이상의 기울기가 있는 곳이다. 성루 위에
우뚝 솟은 이 보루에 명나라 병사가 개미처럼 붙어서 올라갔을 것이다.

급축법(給築法)으로 축성된 경사면을 따라 돌담이 둘러싸고 있고 모퉁이
에 망루대가 있다. 정점에 이르러서 한 층이 돌기한 보루를 아성(牙城)이
라고 한다.

나는 가끔 구마모토성(熊本城)에 올라서 그 규모의 장대함, 그 축성의
정교함을 느끼곤 했다. 지금 울산성을 보니 그 형세와 축법이 구마모토
성과 상당히 비슷하다는 것을 느끼게 된다. 들으니 구마모토성의 기공은
1598(慶長 3)년이라고 한다. 그렇다면 울산농성의 바로 다음해다. 가토
기요마사의 총명한, 그러나 고립된 소수의 군대가 굶주린 병사를 이끌고
명·조의 대군을 좌절시킨 것은 성루가 거대한 요새(要害)였기 때문에 이
를 도와준 것임을 알 수 있다.

그러므로 조선 정벌이 이미 끝나자 울산의 토공을 데리고 돌아와 구마모
토 시내에 특별히 울산마치(蔚山町)[23]를 두고 저들을 살게 하였다. 이렇게

23) 구마모토 현 구마모토 시의 신마치(新町)에는 울산마치(울산정)라는 전차 정류장이 있다. 구마모토시영전
   차의 정류장인 이곳은 1929년 울산마치라는 이름으로 개업하였다. 이후 1955년 신마치로 개명되었지만
   정류장의 이름은 지금까지 남아있다.

하여 구마모토성의 축성을 돕게 한 것이 아닐
까. 그만큼 울산성은 구마모토성과 서로 비
슷한 것이다.

구마모토 시내의 울산마치

아성에 올라서 그 형세를 보니 북은 회야
(回夜)라고 하는 강을 끼고 있고, 남은 회야
지류의 분지로 떨어지고, 서는 산맥에 이어
지고, 동은 바로 바다와 마주하고 있었다. 이
바다는 기요마사가 기장에 있을 때 울산의 급
박함을 듣고 바닷가 길로 도우러 가서 명나라
병사를 만나 싸웠던 그 바다였다.

구마모토 성

라이 산요(賴山陽)[24]가 이른
바 "淸正自蒙銀兜鏊杖薙刀立
船首, 指麾士卒, 明韓諸軍指
目莫敢近者, 遂入蔚山(기요마
사가 스스로 은 투구를 쓰고,
치도(언월도)를 잡고 뱃머리
에 서서, 사졸을 지휘하였다.
명나라와 조선의 군대가 이를
보고 감히 가까이 하는 자가

없었다. 드디어 울산에 들어갔다)"한 것이 이를 두고 한 말이다. 수백 년
이 지났어도 위풍당당한 그 모습을 아직도 볼 수 있을 것 같다.

24) 1780~1832. 에도시대 후기의 시인, 문장가. 유학자 슌스이(春水)의 장남으로 히로시마에서 성장했다.
    그는 풍물시 외에도 역사적 사건이나 인물을 읊은 시가(詠史)를 개척하고, 『日本外史(1826)』, 『日本政記
    (1832)』등의 통속적인 역사서를 저술하여 후세에 커다란 영향을 끼쳤다.

다만 울산성의 취약점은 먹을 물이 모자라다는 점이었다. 조선의 땅은 용천(湧泉, 물이 솟는 샘)이 빈약한데 이 언덕은 화산(火山) 성질의 암석으로 되어 있어 모든 산에 용천이 없다. 구릉의 동쪽 전면에 적은 양의 물이 나오는 우물이 있을 뿐이었다. 때문에 이미 친히 그 고통을 맛보았던 기요마사가 이곳 구마모토성 안 곳곳(천수대까지)에 우물을 설치한 것도 그런 연유가 아니었겠는가.

성에 올라 만감을 느끼던 사이 날은 저물었고, 성에서 내려와 우리는 서생포의 주막인 정 아무개의 집에 투숙하였다.

■ 울산 주막에서 토착민이 일본인을 구경하다

정 씨는 이 마을의 협객이라는 이유로 추대되어 우두머리가 되었다. 그 집안은 초라하여 대략 다다미(疊) 3개 크기의 방 3개가 있었다. 늦게 밥을 짓느라 화기가 집안의 온돌에 가득차서 들어갈 수가 없어 우리는 집밖에 멍석을 깔고 앉았다.

'일본인이 왔다'는 소문은 토착민의 입에서 입으로 전해졌다. 벌써 자리 주변에는 야만인들이 둘러싸서 우리를 살펴보기에 이르렀다. 우리와 구경 꾼들은 대략 2간의 거리를 사이에 두고 원을 그리고 있었지만 잠깐 사이에 저들이 점차로 한발 한발 밀려 들어왔다. 마침내 저들의 악취 나는 몸이 우리들과 접하게 되었다. 저들이 우산을 만지고, 신발을 만지고 의복을 어루만지면서 5월의 파리떼가 안겨주는 번민이 우리에게 시작되었다.

들으니 이곳에는 조선 정벌 이후 일본인이 매우 적게 왔고, 온 사람이래

야 육군 중위 아무개, 세관원 아무개 등 겨우 몇 명에 지나지 않는다고 했다. 그러므로 토착민들이 일본인을 보는 것은 매우 드문 일이었기 때문에 먼 곳에서 와서 구경하는 자가 있었던 것이다.

▣ 서성연문(西城椽門)에서 투숙하다

해는 이미 완전히 저물었다. 배고픔과 목마름이 일시에 습격해 왔지만, 바로 먹고 마실 수 있는 것은 아무 것도 없었다. 우리들의 충실한 통역인 김 씨는 이런 모습을 보고 마을 양조장의 탁주를 마셔볼 것을 권했다. 그 것이 좋을 것이라 생각하여 김 씨에게 명하니 바로 대략 1되 정도의 탁주를 호리병에 담아가지고 왔다. 고모리 씨와 나는 허기를 달래려고 큰 주발로 서로 잔을 기울이며 마주보며 웃었다. 탁주를 금방 마셨지만 취하지 않았다.

조금 있다가 음식물이 겨우 준비되었다. 한 아동이 식판을 우리 앞에 갖다놓았다. 일종의 악취 즉 비린내가 코를 찔렀다. 식욕은 바로 없어지고 수저를 잡을 수가 없어 겨우 반 그릇을 먹었다. 주인에게 가져 간 호우단 (寶丹)[25] 한 통을 사례로 주니 처음에 사양했지만 드디어 받아서 은근히 감사해 했다.

우리들은 울산첨사에게 보내는 조장(照狀)을 가지고 있어서 마을에서 특히 우대를 받았다. 정 씨의 집은 좁고 누추했기 때문에 서성연문(西城椽門)인 공택(公宅)을 부탁하였다. 이 집은 3칸, 너비 5칸 정도의 기와집으

---

25) 에도시대 말기에 팔기 시작한 적갈색의 분말 각성제.

73

로 바닥에는 마루가 깔려 있었다. 마을 중의 구락부 같은 것이다. 그래서 관인 마을 노인 등이 앉아 있었고, 우리들을 둘러싸고 계속해서 여러 가지 질문을 했다. 대개 마을의 유지들일 것이다. 우리들은 크게 피로를 느끼고 있으므로 유지 등에게 그러한 뜻을 얘기하고 무례에 대해 양해를 구한 뒤 잠자리에 들었다.

김 씨는 우리들에게 주의를 주기 위해 창을 열고 말하기를 "귀객의 대소변은 이곳에서"라고 하여 우리들은 무심결에 실소하였다. 잠을 청하는데 모기장은 물론 이불도 하나 없었다. 그래서 바닥을 요로 삼고 가죽주머니를 베개 삼아 양장을 한 채 잠을 잤다.

모기를 잡기 위해 쑥을 피웠지만 연기가 가득 차서 잘 수가 없었다. 또한 한밤중에 빈대, 이 등이 교대로 습격해 와서 드디어 나는 일어나 앉을 수밖에 없었다. 사방을 둘러보니 관인(官人)과 유지 등은 우리를 둘러싸고 돌이나 나무를 베개 삼아 누워 코고는 소리를 내면서도 잘 자고 있었다. 실로 태연하지만 불쌍한 관리, 불쌍한 유지들이다.

이 밤하늘이 맑고 공기가 청정하다. 음력 19야의 달은 높이 떠서 울산성 꼭대기에 있다. 금석(今昔)의 감정이 일어나 마침내 밤을 세웠다.

8월 1일

■ 울산부 성안의 나팔소리에 일어나다

8월 1일 새벽, 울산부의 나팔소리에 일어났는데 북소리가 이에 따라 울린다. 이것은 부(府)의 각 문을 여는 신호라고 한다. 실로 오랜만에 듣는 미개시대의 소리였다.

오늘 아침 출발하여 부산으로 돌아가는 길을 예정했기에 일찍 서성연문을 떠나 정씨 집에서 아침식사를 했다. 고모리 씨가 탈 기마(騎馬)를 빌리기 위해서 여기저기를 수소문하였다. 급기야 1, 2 리 떨어진 마을까지 사람을 보냈지만 겨우 9시에 이르러서 말이 없다고 하는 답이 돌아왔다. 할수 없이 그대로 출발하게 되었다.

■ 울산시장의 광경

기마의 수색을 기다리는 사이에 우리들은 여러 가지를 관찰하였다. 이날은 마침 이 마을의 장날이었다. 아침 7시 경이 되자 근처의 촌락으로부터 여러 가지 토산품을 가지고 와서 이들 물품을 햇빛에 말리고 있었다. 이렇게 가져온 물품들을 땅바닥 위에 진열해서 판

시장의 모습

매하거나 교역하는 것이었다.

면을 파는 할아버지, 돼지를 사는 남자, 생선을 내놓은 여자 등, 실로 각양 각별하여 우리들 같은 이방 여행객의 눈에는 자못 기이하다고 할 수 있었다. 점차 사람들이 모임에 따라 여기저기서 시끄러워지기 시작했다. 고기와 야채를 바꾸는데 고기가 아직 부족하다고 고깃간을 몰아치는 남자가 있었고, 짚신 대신에 받은 조개가 소량이라며 실랑이하는 여인도 있었다. 이렇게 혹은 과일과 도자기를 교환하고, 소와 양을 판매하는 담판이 벌어지는 등 시끄러운 소리로 가득했다.

정 씨의 집 앞은 작은 광장으로 그곳이 바로 오늘 장이 열리는 시장이었다. 우리들의 위치는 다행히 이것을 바라볼 수 있는 좋은 자리였다. 정 씨 집은 주막이므로 아침부터 검은 갓을 쓴 신사들이 계속해서 와서, 행랑 아래에 앉아 탁주 한 사발을 마시며 굴을 넣은 된장국을 기분 좋게 먹었다.

▣ 술 제조법을 보고 구토증이 일어나다

그런데 여기서 자못 불쾌한 한 가지를 발견하였는데 그것은 탁주의 제조법이다.

팔아야 할 술은 일찍부터 손님에게 주어 이미 없어졌지만, 다시 찌끼미를 내어서 제조를 시작하였다. 누룩은 죽정(粥程)으로 이것을 체에 넣고 아래에는 어젯밤 침소에서 사용한 실로 이상한 대야(盥)를 놓고, 체의 가운데에 있는 누룩을 더러운 양손으로 문질렀다. 여기에 매우 많은 양의 물을 넣어 여과시키는 것이었다. 그러므로 그 농도가 희박한 것은 쌀을 씻은 쌀뜨물과 다르지 않았다. 우리들이 어제 저녁 공복에 마신 술에서 맛을 느끼지 못하고 거의 한 통을 마시고도 취하지 않은 것이 이상한 일은 아니었던 것이다.

특히 그 대야(盥) 같이 생긴 용기는 가장 불쾌한 종자(種子)였다. 이것을 보자 갑자기 신경이 곤두서고 구토의 기운이 가슴을 치기에 우리는 행장을 갖추어 출발을 하려고 했다. 그 때 정씨가 말하기를 "중요한 손님이 멀리서 왔는데, 우리 집에서 다행히 누추한 음식과 휴식을 제공하는 영광을 얻었고, 지금 이별에 즈음하여, 바라건대 탁주 한 사발을 드려서 귀객의 전도를 축하하고 싶다"고 하였다.

나는 이 말에는 정말로 난감해서 입을 닫아 버렸지만 후의를 거절하기 어려워 힘들었다. 고모리 씨를 바라보니 나처럼 곤란한 기색이었다. 그래도 일이 이미 주저하기 어렵게 되었기에 내가 먼저 자진해서 그 잔을 받았다.

조선의 잔은 우리 바리때(鉢) 같아서 대략 1합 반을 넣을 수 있는 것으로, 한 숨에 이것을 모두 마시는 것이 법이라고 한다. 나는 법대로 모두 이것을 마셔 중대한 임무를 끝내고 고모리 씨에 잔을 넘겼다. 안주는 냄새 나는 생조개 벗긴 것을 정씨 부인이 손으로 집어 그릇에 담고 후추, 된장국을 부은 것인데, 나는 도저히 이것 먹기를 시도할 용기가 없어졌다.

■ 조선인의 불결에 놀라움을 견디며

조선인에게 불결에 대한 관념이 없는 것은 항상 우리들을 놀라게 하는 일이다. 어느 누구라도 죽을 때까지 목욕을 하지 않는다. 불결한 물이라고 해도 아무렇지 않게 음료로 마신다. 음식물 같은 것도 남의 것과 내 것의 구별이 없다. 예를 들면 다른 사람이 남긴 음식이라도 쾌히 이것을 먹기 때문에, 통역인을 고용할 때 미리 남은 음식을 주는 것으로 정하면 임금도 싸다.

불결에 대해 한층 심한 것으로, 조선인은 모두가 배설물을 불결하다고 여기지 않는다는 점이다. 아무 곳에나 방뇨하는 것은 물론, 오줌 같은 것을 깨끗한 물이라고 느끼는 것과 큰 차이가 없어서 경우에 따라서는 손발 혹은 얼굴을 씻고, 심하게는 이것을 마시는 경우도 있다.

■ 울산에 돌아오는 길

오전 9시가 되어 겨우 서생포를 떠나게 되었다. 무더워 벌써부터 견디기 힘들었다. 내가 탔던 말은 어제 험한 길을 달렸기 때문에 발을 다쳐서 빨리 달릴 수가 없었다. 이 때문에 걷고 또 말을 탔다.

정오에 동양 마을을 지났다. 어제 시끌벅적했던 시장은 이미 적막하여 인적이 없었다. 다만 벽이 없는 초가집과 마른 개가 먹이를 뒤지는 것을 보았을 뿐이다. 마을을 지나니 송림이 있었다. 이것은 조선 내지에서 보기 힘든 풍경이었다. 나는 촌락의 사람들과 겪는 불결함보다는 자연의 맑고 고움이 훨씬 낫다고 여겨 그곳에 가서 쉬었다.

조선인이 준 밥이 더위 때문에 이미 부패하고 있어서 점심을 먹은 뒤 더운 물 한통을 가지고 다시 출발하였다. 온도가 점점 올라가 오후 1시에는 실로 화씨 98도 반의 고온에 달했다. 오후 2시, 원분(元濆)에 도착하였다. 더위를 식히기 위해, 또한 어제 와서 목욕을 하지 못했기 때문에 바닷물에 목욕하였다. 경상(慶尙)의 바다는 수온이 낮아서 오래 들어가기 힘들었다. 이것은 북에서 내려오는 리만 한류가 있기 때문이다.

■ 조선의 마부를 물속에 던지다

4시, 기장에서 고모리 씨가 기마를 얻었다. 그러므로 두 마리가 서로 출발하였다. 길이 험하고 돌이 많아서 말의 발이 땅을 디딜 틈이 거의 없었지만, 말이 민첩하여 길을 잘 알고 나아갔다. 지경(止敬)을 지날 때는 날이 막 저물려고 하는데 온정(溫井)까지는 아직 2리가 남아 있었다.

험로를 지나는 이방의 손님에게는 해가 저물어 길이 먼 느낌이 특히 처량하고 서글픈 마음이 들기 마련이다. 날이 이미 저물어서야 동천을 건넜다. 중류에서 고모리 씨가 급하게 불러 "말이 아프다, 말이 아프다"라고 말하기에 놀라서 돌아보니 씨가 탄 말이 물속으로 넘어졌다. 마부가 달려와서 "이랴"의 힘찬 소리를 내고 채찍을 가하자 말은 벌떡 일어나서 다시 고모리 씨를 태우고 걸어갔다. 들으니 조선에서는 말을 목욕시키는 일이 없다고 한다. 그러므로 말이 물을 만나면 왕왕 스스로 넘어져서 목욕하고 마부를 물속에 던지는 일이 있다고 한다.

■ 어둔 밤 호현(虎峴)의 고개를 넘다

밤 8시 반, 동래부와 호현의 갈림길에 도착하였다. 동래부를 일단 지나게 되면 본도(本道)를 말을 타고 가는 것이 허락되지만, 이미 밤이 되어 부의 각문이 굳게 폐쇄되면 통행 허락을 받지 못한다. 할 수 없이 우리는 호현의 고개를 넘어가지 않으면 안 되었다.

이곳은 길이 없어 무성한 가시나무를 헤치고 계곡을 더듬어 가지 않으면 안 된다. 밤에는 어두워서 조선인 등은 달이 뜨기를 기다려 출발하기를 바랐다. 그러나 그렇게 한갓 시간만 깊어지면 온정에서 숙박을 얻을 수 없어 염려되어 조선인을 질책하고 우리들은 말에서 내려 도보로 걸으며 앞으로 나아갔다.

밤이 어둡고 길이 없어 우리는 서로 경계하며 걸음을 재촉할 뿐이었다. 혹은 계곡에 빠지고 혹은 방향을 잃어 매우 큰 곤란을 맛보았다. 한참 지나 달이 동쪽의 산 위로 떠오르자 겨우 방향을 조금 알 수 있게 되었다. 드디어 호현을 넘어 평지에 나와서 다시 말을 달려 오후 10시를 지나 겨우 온정에 도착하였다.

이미 잠든 문을 두드려 숙박을 구하고 허기진 배를 잡고 잠을 잔 것은 12시가 되었을 때였다. 어제 이래 아무 것도 먹지 못한 결과로 한밤중에 배가 아팠고, 설사까지 동반되어 크게 곤란하였다. 대개 무더위를 무릅쓰고 나쁜 물을 마신 것이 주원인이었을 것이다.

8월 2일

■ 조선의 정표비

　8월 2일, 일찍 일어나 출발할 예정이다. 나는 복통이 아직 그치지 않았다. 겨우 붙잡고 말에 올라 온정을 출발했다.

　도중 동래부의 교외를 지나 부사 역대 기념비----'부사 아무개의 만세 잊지 못할 비(府使謀公 萬世 不忘之碑)'라고 쓴 것을 보았다. 이 지역의 끝자락에 건립되어 있는 비들도 적지 않았다. 들으니 부사가 교체될 때마다 토착민들이 하나하나 이것을 세우는데, 진정으로 경모하는 성의에서 나온 것이 아니다. 예의 아첨하는 표식에 지나지 않는다고 한다.

　단 기념비를 세운 것은 동래부만이 아니라 우리들이 지나쳐온 부시(府市)는 물론 촌락에서도 많이 볼 수 있었다. 그렇다면 조선에서 오랫동안 내려온 하나의 유행물이라고 하겠다.

　또한 부중 곳곳에 지나치게 채색한 작은 집, 가시나무 숲속에 있는 건물이 있는데, 이것을 묘(廟)라고 한다. 이 나라에서는 묘에 독묘(纛廟), 여묘(厲廟), 형묘(瑩廟)의 구별이 있다. 독묘란 여러 신을 모시는 것이고, 여묘는 악귀를 제사하고, 형묘는 유덕 군자를 제사하는 곳이라고 한다. 다만 의식적(儀式的)인 데 그치는 것으로 보인다. 사당으로 가는 길은 풀이 무성하여 사람이 손보지 않았음을 말해준다.

　또 '효자 아무개의 비(孝子某碑)', 혹은 '절부 아무개의 무덤(節婦某墳)'과 같은 것도 왕왕 마을의 끝, 숲이 깊은 곳에서 볼 수 있다. 소위 문려(門

閭)를 세워 '착한 행실을 세상에 알리는(旌表)' 것인지 알 수 없다. 조선의
효자 절부는 누군가 방뇨를 계속하는 가운데에 기분 좋게 눈을 감고 누워
있는 것은 아닌지.

■ 조선의 학교를 보다

　여기부터는 순조로운 길이다. 고관, 초량을 지나, 초량마을에서 조선의
학교를 보았다. 마당에 돗자리를 펴고 조선인 아동 12, 3명이 여기에 앉아
서 각각『소학』을 우리의 습자장 같은 것에 큰 글자를 쓴 것을 갖고서 교사
가 구두(句讀)를 가르치고 혹은 암송하는 것을 보았다. 이것은 이른바 조
선인의 교육법이다. 그리고『소학』은 실로 저들이 이상상의 덕의(德義)로
삼고 있는 것이다.
　여기를 지나면 만(灣)을 건너 멀리 우리 부산 거류지 건물의 밝은 벽을 볼 수
있다. 수일 동안 조선인의 초가집 토벽을 본 후여서 마치 대도회지에 들어간
느낌이다. 그 유쾌함은 실로 말할 수 없다. 드디어 오이케(大池) 여관에 도착
하여 목욕을 하고 포도주를 마시니 그 맛이 각별하다. 복통이 나았다.

▣ 다시 좋은 반려 한 사람을 얻다

도쿄제대 농과대학 조교수, 쓰노 게이타로(津野慶太郎) 씨가 같이 묵게 되었다고 찾아왔다. 씨는 지난번에 우리들이 도착하기 이전에 부산항에 도착하여 소의 전염병 조사 때문에 낙동강을 거슬러 올라가서 밀양 지방에 도착한 뒤, 어제 귀항하여 내일 밤 도쿄마루로 원산진을 향해 출항한다고 한다. 여기서 동지를 얻은 것을 기뻐하고 동행을 약속하였다.

오후 5시에 무로다 총영사, 야마자(山座) 법학사, 가와카미(川上) 서기 생이 방문하였다.

▣ 우리 일행에 관한 『동아무역신문』의 기사

조선에서 발행되는 오늘 날짜 『동아무역신문』에 '계림욱광(鷄林旭光)'이 란 제목으로 우리 일행에 관한 기사가 게재되었다. 이 기사에는 "제국대학 조교수 쓰노 게이타로(津野慶太郎) 군은 소의 전염병 원인을 취조하기 위해 밀양 지방에 출장한 바, 어제 부산에 돌아왔다. 또한 지리 지질 연구를 위해 내한 중인 제5고등중학교 교관 야즈 쇼에이(矢津昌永) 군 및 효고 현 중학교장 고모리(小森慶助) 군이 같이 와서 3일 당항을 출항하여, 해로를 통해 원산으로 출발할 것이다"고 하였다. 이것은 우리들의 전도에 대해 모두 쓴 것이다. 이에 인용했다. 밤에 비가 왔다.

8월 3일

■ 부산 체재 중의 방문자

8월 3일 오전, 여관에 우편전신국장 마쓰무라(松村昇一) 씨가 방문하였고, 오후에는 소학교장 다케미치 씨 및 우치다(内田) 훈도가 방문하였다. 조선에 관한 여러 가지 조사, 교육에 관한 사항을 조사한 내용을 듣게 되어 우리에게 큰 도움이 되었다. 아마도 이들은 일찍이 위촉받아 이런 조사를 했을 것이다.

■ 영사의 향응

오늘 밤 무로다 총영사로부터 우리들 3명에 대한, 만찬 향응의 초대가 있어 이에 응해 오후 7시 총영사관에 갔다.

총영사관에 대해 간단히 기록한다. 우리 총영사관은 부산항 중에 제일 경치가 좋은 땅을 차지하고 용두산 기슭, 푸른 소나무 사이에 우뚝 서있는 하얀 집이다. 일장기가 펄럭이는 곳이 바로 여기다. 옥상에서 바라보면 거류지의 기와집들이 눈앞에 모여 있는 것이 한눈에 들어온다. 부산만은 달 모양으로 스며들어 금빛 파도가 철썩거리고 거기에 크고 작은 기선, 범선이 떠있다. 절영도와 오륙도는 마치 천지에 뜬 반석과 같다. 실내에는 일본 고유의 여러 미술품과 여러 장식품을 진열하여 자못 유쾌하다.

연회석으로 옮기자 주인 무로다 총영사, 세아마(瀨天), 야마자, 가와카미 제씨가 좌석에 있다. 함께 술을 마시며 여러 유익한 담화를 나누었다. 그중 한두 가지를 들어보겠다.

■ 조선국 쇠퇴의 원인

조선국이 쇠퇴한 원인은 여러 가지 있다고 하지만 그 주된 것은 두 가지다.

하나는 관리의 탐학으로 하층민을 압제한 데 있다. 조선은 상하의 구별이 매우 엄해서 양반 이상의 인사는 하층민을 압박하는 것이 심했다. 이 때문에 비굴한 풍조가 생기고 진취, 개량의 기상이 없어진다. 지방관 등은 탐학한 치하에 있는 인민들 중 조금 부유하다고 여겨지는 자가 있으면 부하 순리(巡吏)를 사주해서 그에게 억지로 죄를 만들고 혹은 누명을 씌워서 바로 옥에 보내서 엄형에 처한다. 이것을 면하기 위한 방법은 이미 관례가 되어 있듯이 아내가 가산(家産)을 써서 관리에게 뇌물을 보내는 한 가지뿐이다. 이와 같았기 때문에 사람들에게는 노력하여 축적하려는 마음이 없어지게 된다.

다른 하나는 조선정벌 때 일본 병사가 유린하고 약탈한 데 있다. 전후 7년에 걸친 이 전쟁에서 조선 내지에 들어온 일본군과 명나라 군사는 무려 50만이 넘었고, 도처에서 도살하고 약탈하여 재화가 있으면 모두 갖고 자기 나라로 돌아갔다. 이것에 대한 일화가 있다. 초우소가베(長曾我部) 씨가 부민동을 떠날 때 인민에게 대략 한 가지 재능이 있는 자는 모두 데리고 돌아갔다고 한다. 그러자 남겨진 인민 등이 애원하며 말하기를 "공이 모두 우리 기술자를 데리고 가면 우리들은 다만 아사할 뿐이다. 바라건대 우리도 데리고 가라"고 했다. 이로써 전 마을이 모두 귀화했다고 전해진 다. 이 얘기로 그 대강을 알 수 있다.

조선인은 두 번째 원인 때문에 기본적으로 빈약하며, 정한(征韓)에 대해 서는 지금도 나쁜 감정을 가지고 있다고 한다.

▣ 부산 거류지의 유래

현재 우리 일본인의 거류지는 대개 221년 전 부산에서 이전한 것으로 최 근에 이르러 거류인이 점점 많아지면서 좁다고 느껴지기에 이르렀다. 지 난해 조선 정부에 조회(照會)하여 해수면 2만평을 일본인의 손으로 매립하 였다. 이것이 지금의 입강정(入江町) 서남의 땅으로 거의 우리 일본의 소 유지와 다름이 없다. 기타의 토지도 무기한으로 차용한 땅인데 이것에 대 해서는 매해 50엔의 차용료를 지불하고 있다고 한다.

▣ 도쿄마루(東京丸)에 함께 타다

총영사관에서 그렇게 기타 잡담을 나누며 시간을 보내고 충분하게 유쾌 함을 느꼈다. 술 마시는 것을 싫어하여 사양하고 돌아가려고 하는데 현관 에 여관으로부터 마중을 위해 온 사람이 있었다. 도쿄마루가 닻을 뽑을 시간이 다가왔다고 한다. 놀라서 시각을 점검하니 이미 11시를 지나 서둘러 여관에 돌아와 여행 짐을 챙겨서 도쿄마루에 승선하였다. 도쿄마루는 우선회사(郵船會社)의 소유로 1,300여 톤의 큰 배다. 1개월에 대략 2회 사쓰마마루와 교대로 원산을 지나 블라디보스토크까지 정기 왕복한다.

▣ 우리들의 동선자(同船者)

동선자는 우리들 3명과 제1국립은행원 니시카와(西川) 씨, 원산 무역상(방곡사건위원) 가지야마(梶山新介) 씨, 요시힌(葭瀨忠次郎) 씨이다. 그 외에 다른 손님은 일본인 3명, 서양인 4명, 러시아인 3명, 지나인 71명, 조선인 30명이다. 승객은 매회 지나인이 가장 많다고 한다. 그러므로 지나인은 우선회사 제1의 손님이라고 한다.

배는 12시에 닻을 올렸다. 이날 밤은 달이 밝았고, 갑판 위에 나가면 서늘한 바람이 옷깃을 날려 여름 열기가 있다는 것을 모를 정도였다. 해상은 쓰시마 해류를 따라 바다물결이 특히 평온했다.

8월 4일

■ 강원도 연해의 형세

8월 4일 아침 84도(구마모토 81도), 새벽에 일어나서 갑판에 나가니 배는 이미 강원도의 바다를 가르고 있다. 유명한 철령산맥은 완연하게 남동으로 달려 남태백산에 연결된다. 대체로 수목이 없는 민둥산으로 간간이 나무가 있는 것이 보였다. 대개 화강암으로 이루어진 것 같았다. 산맥은 서로 나란히 이어져 있고 현저하게 높은 봉우리는 없다. 최고 2천 척(尺)에서 천 2,3백 척 정도가 된다. 지도에 의하면 높은 것은 왕성산(王城山), 대관령(大關嶺) 등이다.

■ 관동팔경

강원도는 전국에서 최고로 풍경이 아름다운 곳으로 바닷가와 산간에는 시중대, 망양정, 총석정 등 모두 8개의 명승이 있다. 이것을 관동팔경이라 부른다. 산맥은 급하게 바다로 접근하고 해저가 매우 깊으며, 섬이 드물고 조수의 차는 매우 적다. 바닷물은 청려하여 벽해라는 이름이 붙었다. 대관령은 한강의 수원으로 그 골짜기 사이는 예전부터 유명한 인삼 산지였지만 지금은 산출액이 많지 않다고 한다.

■ 평온한 해상

　해상은 매우 평온했다. 선원의 얘기로는 겨울철 항해에는 풍파가 있지만 여름철에는 항상 파도가 없다고 한다. 이것은 쓰시마해류를 따라 달리기 때문일 것이다. 그러나 온난한 해류로 인해 농무가 자주 해면을 덮어서 항로가 보이지 않아, 기적이 울리는 소리를 자주 듣게 된다. 이렇게 평온한 항해였으므로 사람들은 유쾌하게 해상을 조망하면서 식사 때에는 빠짐없이 식당에 나왔기 때문에 식탁에는 결석자를 한 사람도 볼 수 없었다.

2부
원산 여행

8월 5일

▣ 원산진에 입항하다

8월 5일 아침 82도(구마모토 81도). 배는 벌써 함경도의 바다에 도달하여 장차 영흥만에 들어가려고 한다. 원산진도 멀지 않았다. 여기서 상륙 준비를 한다. 원산이라는 항구는 도서가 흩어져 있어서 수로가 여러 갈래로 나뉘어져 있고 간간히 암초가 있다. 지난번에 암초 때문에 침몰한 러시아 군함은 지금은 겨우 굴뚝과 돛대의 꼭대기만이 수면으로 나타나 있다.

우리 배는 오전 7시에 원산항에 닻을 내렸다. 원산항은 물이 깊어서 큰 배도 육지에 가까이 갈 수 있는 양항이다. 그러나 도쿄마루는 12, 3정 떨어진 곳에 멈추었다.

원산진 뒤에는 산등성이가 연이어 있고 우리 거류지는 중앙의 좋은 위치를 차지하고 있었다. 왼쪽은 지나인 거류지이고 오른 쪽은 조선인의 초가집 마을이다. 우리 거류지는 기와집, 하얀 벽이 대략 1백호가 지붕을 나란히 하고 있었다.

원산항

▣ 원산진은 지금 장마철

곧 상륙하려고 하니 가랑비가 조용히 내리고 있었다. 들으니 이곳에는 이미 여러 날 비가 와서 심하게 음습했다. 대개 이곳의 장마철이라고 했다. 그러므로 가랑비가 흐릿하게 와서 구름이 하늘을 가렸다. 부산에서는 40일 동안 가물었는데 여기서는 연일 비가 내리는 것은 곳에 따라 달라서인가. 바로 상륙하여 후쿠시마야(福島屋)에 투숙했다. 아침식사를 끝내고 영사관을 방문하였다.

▣ 원산영사관을 방문하다

영사관은 거류지의 북쪽, 산에 있다. 부영사 나카가와(中川恒次郎)씨와 오키(大木中村) 씨를 면회한 뒤 여러 가지 요건을 위촉하고 정오에 숙소로 돌아왔다. 이 항구에 관해 나카가와 영사와 나눈 담화 한두 건을 여기에 기록한다.

▣ 원산진의 무역

이 항구는 1879년 8월에 개항을 예약하고 일본 때문에 개항하였는데, 현재는 7백 명의 거류민이 있다. 지나인은 3호에 지나지 않는다. 무역은 1889년 방곡령(防穀令) 이래 활발하지 못한데, 이것이 미곡 수출을 주로 하던 이 항구가 첫째로 그 피해를 입은 이유다. 기타 수출품은 우피, 명태, 해삼, 해초, 연초 등이다. 그 중에서 우피는 일본에서 수입하지만 기타는 대략 조선의 각항에서 수입한다. 특히 명태는 원산 북청 근해에서 많이 포획하는 일본의 어류로 이것을 말려서 경상, 전라에 보내고 조선인이 제사지내는 반찬으로 꼭 쓴다.

원산 잔교(일본과 블라디보스토크로 가는 항로)

▣ 원산 거류민의 교육

교육은 본원사 승려가 담당한다. 공립 소학교가 하나 있어 우리 거류민의 자제를 교육한다. 생도는 60명이고 학령에 이른 아동은 거의 취학한다고 한다.

▣ 원산의 위치 및 기후

원산에 대해 기록하면 이 항구의 위치는 북위 37도 28분 30초로 리쿠추(陸中)[1], 우고(羽後)[2]의 남단과 위도가 같지만 기후에 있어서는 한서(寒暑)의 차이가 현격한 것이 부산보다도 한층 심하다. 이것은 아세아 내지에 가까이 있어서 그렇다. 다음은 한난의 온도를 나타낸다.

	1886	1887	1888	1889
1, 2월	영하 14도	영하 4도	영하 10도	영하 9도
7, 8월	34도 7	34도	34도 6	34도 8

이런 탓에 함경, 강원 양도의 연안과 해면은 겨울철에 결빙하므로 항구를 사용하지 못하게 된다.

▣ 원산 거류지의 풍치

거류지 안에는 우선회사, 우편국, 경찰서, 제1 및 제102은행 지점 및 공원이 설치되어 있다. 조계의 남부에 있는 공원은 운모편암과 노출된 암석이 있어서 풍치가 매우 좋다. 바위 꼭대기에 아마테라스 오미카미(天照大神)[3]를 모신다. 공원 안에는 고려 소나무가 많고 조선인은 이것을 잣나무(柏)라고 한다. 단풍나무 류 및 버드나무 등이 이것 다음으로 많다. 단풍나무는 종

---

1) 현재의 이와테(岩手) 현.
2) 아키다(秋田) 현의 가즈노 시(鹿角市)와 고사카마치(小坂町)를 제외한 부분과 야마가타(山形) 현의 모가미 가와(最上川) 이북을 말함.
3) 일본에서 천황의 가계가 유래했다고 하는 태양의 여신이다.

류가 많고 잎이 큰 것은 부채로 착각하게 만드는 것도 있다. 또 둘레가 여러 아름에 이르는 나무들도 있다.

동양척식주식회사 원산지점

식산은행 원산지점

원산역

원산신사

◼ 백두산은 화산이다

지질은 대략 결정암(結晶岩)에 속하고 운모편암이 가장 많다. 휘록암, 석회암 등이 다음으로 많다. 산줄기가 달리는 방향은 북서쪽에서 남동쪽이다. 그리고 북부 만주 경계에 이르면 점차 고도를 높여 마침내 백두산의 높은 봉우리가 된다. 백두산은 압록, 두만, 송화 삼대강의 수원(水源)이다. 영국인 영허즈번드[4] 씨 등의 탐험에 의하면 사방이 뾰족한 봉우리에 둘러싸여 있고 그 중심에는 주위 4리 30정의 화구호(火口湖)가 있다. 정상은 해발 7천 5백 척이라고 한다. 사방은 일반적으로 화산암이고 암석 중에 현무암이 있다. 그러므로 백두산은 완전히 휴화산이라고 할 수 있다.

■ 역사상의 함경도

함경도는 조선의 가장 북쪽 지방으로 오랑캐(兀良哈, 지금의 노령)와 경계를 이루며 도중의 함흥부는 현재 왕실인 이씨가 일어난 땅이며, 조선에서는 성질이 사납다는 소문이 있다. 지금의 원산진은 옛날의 영흥이다.

임진왜란 때 기요마사가 안성에서 와서 공격하자 두 왕자[5]가 이미 도망하여

함북 경성의 남문

경성(鏡城)에 있다고 듣자, 나베시마 나오시게(鍋島直茂, 1538~1618), 사가라 요리후사(相良賴房, 1574~1636) 두 장수를 주둔시켜 영흥을 지키게 하고 스스로 경병(輕兵)을 이끌고 철령에 이르러 한극함(韓克諴)과 해정창(海汀倉, 성진)에서 싸웠다. 큰 안개를 이용하여 보이지 않게 가리고 공격해서 한극함을 사로잡고 나아가 경성에 이르니 두 왕자는 이미 회령부

---

4) Sir Francis Edward Younghusband(1863~1942) 영국의 육군장교·탐험가. 인도 북부와 티베트를 주로 여행하며 지리학적 연구에 공헌하였다. 1904년 9월 6일 영국이 오래 전부터 얻고자 했던 통상의 이권을 확보하는 앵글로-티베트 조약을 강제 체결시켰다.

5) 임해군과 순화군.

로 도망간 뒤였다. 그리하여 달려서 회령부에 이르러 드디어 두 왕자를 사로잡았다고 전해지는 곳이 이 지방에 있다.

■ 기선의 항구 출발을 연기하다

오늘 밤 예정되었던 기선의 출항이 내일 오전 6시로 연기되었다고 알린다. 내내 강우가 잠시도 그치지 않고 바람이 이에 편승해서 배 안의 짐을 육지로 운반하기 어려워서 그런 것 같다. 그러나 이것 때문에 기온이 크게 내려가 오후 2시에 78도에 지나지 않았다.

8월 6일

■ 갑자기 가을 냉기가 오다

8월 6일, 새벽에 비가 와서 아직 그치지 않았다. 아침 7시에도 74도를 넘지 않았다. 조금 산뜻한 기가 들었는데 갑자기 가을이 습격해온 것 같은 감이 든다. 거리의 적막함이 특히 심했다. 쓰노(津野) 씨는 이 항구와 근방에서 조사할 일이 있어 블라디보스토크 행을 그만두고 우리가 돌아갈 때까지만 체재하기로 하고 제102은행 지점으로 갔다.

▣ 조선무역에 대한 신상(紳商)과의 담화

이곳까지 동행했던 원산항의 대상인(紳商)인 가지야마(梶山新介) 씨가 찾아왔다. 씨는 방곡령 피해운동 위원으로, 또 피해를 가장 많이 본 사람이기도 했다. 이번 상환금 건에 대해 우리 정부에 청할 것이 있어서 상경했다고 한다. 씨의 말에 의하면 방곡령으로 우리 상인이 입은 손해는 의외로 많은데 직접적인 것만도 32만 8천 엔이라고 산정하였다. 만약 간접의 손해를 더한다면 대략 50만 엔에 이를 것이다.

가지야마 씨는 오랫동안 조선 무역상을 해온 경험에 의해 이렇게 말했다.

"일본인은 조선 무역에 가장 적당하다. 왜냐하면 우리 국민의 성질로는 구미로 향하기보다 우선 오히려 조선 무역에 종사하고, 무역의 흥정을 모두 알아야 한다. 특히 겨우 작은 배로 건널 수 있을 만큼 가까이 떨어진 곳이라면, 가령 고향을 그리워하는 우리나라 사람들이라도 이곳에 도래하면 특별히 어렵지 않을 것이다. 또 조선에서 우리 국익을 얻는 것이 실로 많다. 현재 우리 국민으로 주재하는 자가 항상 1만인 이하에 지나지 않고, 자본금은 5백만 내지 8백만 엔으로 이것에 대한 수입이 적지 않다. 아울러 일본 어민 가운데 조선 연해의 어업에 종사하는 자 또한 1만 인, 그래서 그 어획고는 아마도 1백 50만 엔에 이를 것이다. 이것저것 합치면 조선이 우리나라에 이익을 주는 것이 적지 않음을 알 수 있을 것이다. 외교상 어찌 이곳을 도외시할 수 있겠는가."

기타 잡담으로 시간을 보내고 원산항의 무역에 관한 조사자료 서류를 대여하였다.

■ 원산 거리의 소견

아침에 숙소에서 내려다보니 부산과 마찬가지로 조선인 행상이 적지 않았다. 모두 일본어로 소리를 지르지만 거의 그 의미를 알 수 없었다. 부산과는 접촉하는 모습이 다르다.

들으니 조선에서 경상도, 전라도 주변과 이 함경도와는 언어가 크게 다르다고 한다. 우리들 외국인이 들어도 역시

원산 혼마치(本町)거리

조금 다른 것을 느낄 수 있다. 예를 들면 부산에서는 배를 배라고 부르고 원산에서는 빼라고 하는 것 같이, 모두 거성(去聲: 四聲의 하나, 처음에는 높이 시작(始作)해서 나중에는 낮추어 버리는 음-옮긴이)인 것 같다.

이날 가랑비가 종일 그치지 않아 거리에는 행인이 드물고 때때로 흰옷을 입은 조선인, 모자 위에 이상한 기름종이의 우산을 쓰고 내왕하는 모습이 고풍스럽다고 할까, 한가하다고 할까. 나라조(奈良朝, 710~784) 이전의 풍속이 생각나서 매우 흥미로웠다.

■ 원산진을 출항하다

도쿄마루는 내일 아침 블라디보스토크 항을 향해 출범할 예정이므로, 오늘 밤 이 배에 승선하기로 결정하였다. 오후 5시 저녁식사를 마치고 고모리 씨와 함께 쓰노 씨의 숙소인 제102은행에 갔다. 나카가와 부영사가 이미 방문해 있었다. 영사는 우리들의 숙소 후쿠시마야를 방문했지만 출타한 뒤였다고 했다. 짐을 쓰노 씨의 숙소로 옮겨 놓은 뒤 훗날 재회를 약속하고 헤어졌다. 도중에 가지야마 씨를 방문하였다. 씨는 배안에서 쓸 용품으로 맥주 여러 캔을 주었다. 바로 배에 승선하니 오후 8시였다. 이미 밤하늘이 개어서 별이 반짝이는 밤이 자못 상쾌하다.

8월 7일

■ 철령(鐵嶺)의 새벽 조망

8월 7일 아침 78도(구마모토 80도). 새벽에 일어나서 멀리 바라보니 우현은 망망대해로 끝이 보이지 않는 일본해이고, 수천일벽(水天一碧)[6]하여 파도가 조용하다. 좌현은 가까이 함경의 연안을 바라보고 등 뒤로 둘러싼 것은 병풍과 같은 철령으로, 비취색 봉우리와 푸른 산 안으로 거친 벽이 밝은 것은 원산진이다. 마치 한 폭의 살아있는 산수화와 다르지 않다.

---

6) 바다의 수면과 하늘이 서로 맞닿아 경계를 알 수 없을 정도로 푸른 것.

이제까지 본 조선의 산봉우리는 벌거숭이로 혹은 바위가 드러나는 살풍경이었지만 원산 근방은 모두 녹색으로 덮여서 간간이 삼림이 있는 것을 본다. 이것은 완전히 지질이 다른 때문일 것이다. 그렇지만 대부분이 험준해서 경사 27, 8도부터 혹은 40도에 이르는 것도 있다. 함경의 산은 얼핏 보면 달라서 한대(寒帶)의 산과 비슷한 것을 알 수 있다.

▣ 오랑캐를 바라보고 가토 기요마사의 고사를 생각하다

이것저것 시찰하는 중에 6시가 되자 배가 운항을 시작했다. 본선은 시속 10리 정도, 블라디보스토크까지는 323리이니 대략 30시간이 걸린다고 한다. 이 항구에서 지난번에 침몰한 러시아함의 수병 11명과 사관 1명이 도쿄마루에 승선하였다.

오전 11시, 해면에 안개가 생겨서 도쿄마루는 여러 번 기적을 울리면서 나아갔다. 잠시 후에 안개가 걷혔다.

가토 기요마사가 이름붙인 오랑캐 고후지(小富士)

함경 지역 및 오랑캐 지방의 무리진 봉우리들은 기복이 있어서 성난 파도와 같았다. 임진왜란 당시, 기요마사의 북정군이 여기서 멀리 산악을 바라보며 고향을 그리워하는 정에 갑자기 사졸들의 옷깃을 적시게 한 곳이다. 이곳은 부산과의 거리가 4천 7백 리, 기후가 차갑고 짐승, 풍토가 그 취향을 달리한다. 영웅도 여기에 이르면 정말로 눈물이 없을 수 없었을 것이다. 우리들은 지금 기선에서 침식을 하면서 이곳을 보며 지금과 옛날의 변화를 비교하니 그 정에 견디기 어렵다.

■ 녹도(鹿島), 어느새 러시아 영토로 변하다

오후에 두만강(혹은 圖們江) 물이 흘러나오는 입구 부근을 지났다. 두만강의 어귀(海口)는 갈라져서 두 갈래가 되고 녹도라고 칭하는 삼각주를 안고 바다에 들어간다. 이 섬은 본래 조선 영토였지만 1891년 경 러시아가 이곳을 점령했다고 해서 일시 세계의 주목을 불러일으켜 세간의 이야기가

도문강(2014)

된 적이 있었다. 지금 들으니 이미 완전한 러시아 영토가 되어버렸다고 한다.

■ 러시아의 남하 책략을 똑똑히 봐야 한다

강국과 약국의 경계가 서로 밀접해 있다는 것의 결과는 단지 그 자체에 그치지 않는다. 다른 여러 가지 현상들을 발생시킨다는 것을 인식해야 한다. 조선의 함경북도와 러시아령의 사이에는 양국의 교섭 사건이 적지 않았다. 원래 러시아가 조선의 북쪽 경계로부터 손을 대서 점차 남하하려고 하는 것은 숨길 수 없는 사실이다.

조선의 북쪽으로부터 남침하는 제일의 책략으로 도문강변의 조선인을 자국으로 회유하고 마침내 러시아화 시키려는 대책이 실제로 이루어지기 시작한 것은 지금부터 28년 전 조선의 대기근 때였다. 당시 러시아령에 인접한 조선인들은 생활의 방도를 얻기 위해 다투어 국경을 넘어 시베리아에 들어갔다. 그 시기는 러시아가 만주 연안지방을 거둬들여 개간책에 전념할 때였으므로 저들을 러시아화 시키는 정책을 실행시키기에 적합한 때였다. 이에 따라 저들에게 유루사코프, 푸스로프카 근방의 비옥한 땅을 주고 농구, 우마 등도 대여해서 생업을 얻게 했던 것이다.

이로써 기근을 맞은 조선인들은 서로 이끌어 러시아령으로 갔고 그렇기 때문에 함경 북부에는 인구가 많이 줄었다. 본래 함경도의 북부는 조선의 가장 북쪽으로 기후가 춥고 땅이 메말라서 생계가 매우 곤란했기 때문에 사람들이 생활이 편한 쪽에 한번 땅을 얻으면 다시 돌아가는 것을 잊어버린다. 거기에다 북쪽 경계의 조선인들은 천연 풍토가 자연스럽지 못하여 사람들의 성질이 사나운 것이 러시아인과 유사한 바가 있는 곳에서 살았다. 따라서 러시아령에 들어간 조선인들은 러시아인과 돈독하게 친화하였고, 오늘날 조선 땅에 근접해 있는 1만 여의 조선인들은 대개 거의 러시아

국에 귀화한 것 같다.

금일 우리들이 블라디보스토크 사방 인근에서 보는 바, 양장 단발에 모자를 쓰고 그 용모가 마치 일본인과 비슷한 인사가 배회하는 것을 보고 이상하여 여겨 이에 대해 물으면, 조선인으로서 러시아에 귀화한 자라고 한다.

■ 러시아의 남하 기도에 대한 조선의 조치

러시아의 정책은 여기에 그치지 않았다. 다른 한편에서 러시아인은 여러 가지 물품을 가지고 매년 조선의 북쪽 경계에 들어와 계속 조선인과 통상하고 점차로 환심을 사러 왔다. 이렇게 러시아의 남하책이 착착 진행되자 조선 정부는 벌써부터 이 일이 큰 해가 될 것임을 걱정하여 북방의 지방관에는 무용(武勇)이 있는 인물을 선임하고, 자국 국민이 러시아령으로 가는 것을 막고 엄벌을 부과했다.

이미 이런 정도가 되었을 때 러시아령에 있던 10여 인이 귀국하자 지방관은 바로 이들을 학살했지만, 그중 한 사람이 겨우 도망쳐 러시아령에 이르러 러시아 지방관에게 호소했다. 러시아는 조선 지방관이 행한 조치가 러시아의 남하책을 크게 방해한 것으로 보아, 사건을 곧바로 경성의 러시아공사관에 이첩하였다. 러시아공사 드미트리에프스키(Dmitrievski) 씨는 장차 조선의 외무독판(督辦: 장관급- 옮긴이)에게 엄중한 담판을 할 것이라고 한다. 러시아의 이러한 행동이 어찌 이상하다고 보지 않을 수 있겠는가.

■ 러시아 수병의 춤

저녁 만찬 후, 러시아의 수병 등이 갑판 위에서 악기를 가지고 창가의 연창을 시작하였다. 그 뜻을 이해하지 못하더라도 처음 두 세곡을 부르는 것을 보면 나라 황제의 만세(萬歲)를 축원하고 국가의 융성을 기원하는 것이다. 아아 저들에게는 충군애국의 진심을 함양하는 자질이 있다고 말할 수 있다.

창가가 끝나자 각각 비로소 웃는 얼굴로 춤을 추기 시작했다. 기예의 정교함은 완전히 몸과 발에 있는 것 같았으며, 그 중에도 중요한 것은 발로 밟는 동작이었다. 양손은 등 뒤에 끼고 눈은 먼 곳을 보면서 가슴과 배는 앞으로 돌출하여 발을 밟는다. 한 사람이 마치면 바로 한 사람이 이것을 대신한다. 이렇게 해서 수차례 진행하면 4명이 추는 춤이 된다. 그 안으로 일본 여인(매춘부일 것이다) 한 사람이 더해졌다. 한 번은 높고 한 번은 낮은 곡이 자못 묘했다.

이것을 보기 위해 선객(船客)들이 모여들었다. 영국인이 있고, 미국인이 있으며, 러시아인, 지나인, 조선인도 있었다. 그 용모에서 체격 복장에 이르기까지 각각 다른 것을 보니 참으로 기이한 풍경이었다.

그리고 내 감정을 가장 크게 불러일으킨 것은 일본인의 왜소함이었다. 어느 나라 사람과 비교해도 대개 단신이다. 이러한 상황이 그치지 않고 계속된다면 급기야는 세계의 난장이라는 이름이 확대되지 않을까 우려된다. 아마도 우리가 모르는 사이에 대륙의 산수(山水)가 인체에 영향을 주고 있던 것은 아닐지.

날이 저물어 춤이 끝났다. 바로 방으로 들어가서 맥주를 마시고 일본해 가운데서, 기분 좋게 낮잠을 잤다.

3부
블라디보스토크 여행

8월 8일

▣ 삼엄한 금각만 부두의 병비

8월 8일 아침 77도(구마모토 77도). 갑판 위에 서니, 북서풍이 수염에 닿아 피부가 시원한 것을 느낀다. 가을이 된 것이 아닌지 의심스러웠다.

금각만 대교와 멀리 보이는 시호테알린 산맥

배는 러시아령 표트르대제 만 (연해주=프리모르스키 지방에 위치-옮긴이) 안쪽을 달린다. 해변가에서 보이는 언덕은 연해주의 해안을 달리는 시호테알린 산맥(錫赫特嶺)의 지맥이다. 구릉은 모두 바위를 드러내고 있고, 지층은 하나하나 보면 대부분이 태고기암과 같았다. 모두 수목이 없고 목초가 자랄 뿐이었다.

블라디보스토크와 루스키 섬을 잇는 블라디보스토크 대교(2014)

루스키 섬에 있는 요새(2014)

보스포러스해협(멀리 금각만대교가 보인다)

배가 움직여서 제 2의 만에 들어가려고 한다. 만은 금각만(金角灣)이라 불렸다. 만에 들어가는 모습이 짐승의 뿔과 같아서 이런 이름이 붙었다(혹은 터키의 금각항도 이와 비슷하다고 한다).

만 입구에 하나의 섬이 있는데 카더치소라라는 이름이다. 일본인은 이곳을 러시아 섬(루스키 섬)이라 부른다. 이 해협을 보스포러스 해협이라고 불렸다. 러시아 섬 가운데에는 여러 가지로 채색된 거대한 병영이 속속 배치되어 있다. 또 그 숲에는 예를 들면 백로가 군집한 것 같은 모습이 있는데 이것은 육군이 야영하는 천막이라고 한다.

만 내부의 곳곳에 있는 갑각(岬角, 바다 쪽으로 나와 있는 땅), 섬 등에는 모두 포대가 배치되어 있었고, 그 요새가 매우 견고함을 볼 수 있었다. 이 항구 부근의 포대는 모두 21개로 많이 있다. 특히 러시아 섬 병비의 엄중함은 이곳을 소 크론슈타트(小晃城島)라고도 부를 정도였다. 저들이 무력의 위세를 내세워 동양에 임하는 저의를 알 수 있다.

■ 신기루와 같은 큰 시가

　금각만 안을 차례로 지나면 전면의 녹색 언덕을 배경으로 하여 세워진 큰 시가지가 돌연 나타난다. 다름 아닌 블라디보스토크인데 그 외관이 자못 장엄하다. 혹은 적색 탑이 높이 솟아있고 혹은 녹색의 사원 같은 큰 건축물이 우뚝 솟아 있으며, 혹은 회색의 집이 이어지거나 황색의 큰 집이 있다. 이러한 색 외에도 건물마다 등황(橙黃)색이나 검푸른 색 등 여러 가지 채색이 되어 있었다.

　큰 부두는 이미 눈앞에 펼쳐져 있고, 이들 가옥들은 뒤를 감싸고 있는 언덕을 배경으로 층층이 나란히 서 있어 한층 아름다운 모습이다. 건물들을 가로지르는 도로 역시 모두 경사면을 따라 통과하고, 거기에는 행인과 수레(馳車)가 빈번하게 왕래하는 모습도 볼 수 있다. 실로 여행객의 시야를 일신하고 몸이 유럽의 한 도시에 와있다는 것을 상상하게 만든다.

　도쿄마루는 육지와 7, 8 정(町) 떨어진 곳에 이르러 닻을 내렸다.

비숍이 찍은 블라디보스토크항(1894)

113

▣ 연기가 블라디보스토크 항을 덮다

배가 막 진행을 멈추었을 때 만 안에서 커다란 대포 소리가 일시에 들려왔다. 자세히 살펴보니 우현 쪽에 러시아 동양함대의 군함 여러 척이 정박하고 있었는데 모두가 만선이었다. 포성은 이 함대에서 울린 것이었다.

들기로는 원산진에서 지난번에 침몰한 러시아함의 남은 병사와 사관을 태우고 도쿄마루가 지금 무사히 귀항한 것을 환영하는 축포라고 한다. 포성이 일제히 여러 함정에서 일어나고 그 연기가 항구에 가득하여 매우 웅장한 감이 있었다.

▣ 블라디보스토크에서의 여러 가지 외관

축포가 그치고 도쿄마루가 기적을 높이 울리자 지나인이 젓는 적색의 저아주(猪牙舟)[1]가 본선 아래로 무수히 모여왔다. 다투어 승객을 자기의 배에 태우려고 하는 모양은 역시 기이한 모습이다. 이 항구의 작은 배는 수면 위로 나타나는 부분을 모두 적색으로 바르는 것이 규정이다. 그러다 보니 모여 있는 저아주들은 마치 썩은 잎새가 질풍을 만나 수면에 떠있는 것처럼 보였다.

승객들은 간절히 상륙을 기다렸지만 아직 세관원, 경찰관, 의원의 검사가 끝나지 않아서 상륙을 하지 못한다. 그 사이에 이 항구에 재류하는 일본인, 러시아인, 조선인, 각국인 등이 각각 자기의 동포 등을 마중하기 위

---

1) 쵸기부네. 돼지의 이빨처럼 배의 앞머리가 가늘고 길게 솟은 지붕이 없는 작은 배를 말함.

저아주 石原正明 저,
『江戸職人歌合』(1900)

저아주, 뒤에 보이는 건물은 시청

해 속속 본선에 들어오는 모습이 보였다. 그 용모, 복장, 거동 등 하나하나가 달랐다. 일본인은 여러 가지 양복을 입고, 러시아인은 대부분 백색 군모를 쓰고, 지나인은 보통 때와 같았다.

이어 러시아 경찰관이 들어오는 것을 보니 백색 군모와 군복에 백동 단추를 달고 있었다. 어깨부터 이어진 가죽에 군도(軍刀)를 차고 바지를 덮는 장화를 신고 있었다.

세관원은 군인 같았는데, 검사법에 있어 느슨함과 엄격함에서 상당한 차이가 있었다. 지나인과 조선인 등의 동양인에 대해서는 엄격히 여권을 검사하고 건강 상태도 살펴보았다. 또한 화물들에 대해서는 모든 짐을 풀어 검사하고 나서야 비로소 상륙 허가를 했다. 일본인과 서양인들에 대해서는 특별한 검사가 없었다. 이것으로 우리 일본인을 존중한다는 것을 알 수 있었다(그러나 때에 따라서는 엄격하다고 한다).

■ 만자(蠻子)와 그 시장

검사가 끝나자 마중을 나온 후소샤(扶桑舍) 주인 가와베(川邊虎, 미도[水戶] 사람) 씨에 이끌려 그의 빨간 작은 배에 탔다. 상륙하니 선착장에는 지나인, 조선인이 가득하여 손님의 수하물을 날라다 주겠다고 사정하며 손님의 뒤를 따라 왔다. 일종의 냄새가 코를 찔렀다.

중국인 시장(1870)

여기를 지나면 '만자(蠻子)[2]'의 '바자르'가 있다. 즉 지나인의 시장이다. 이 항구에서는 지나인을 만자라고 부른다. 만자란 표류민 혹은 탈적자라는 뜻으로 지나 빈민 중 본국을 탈출한 자를 가리키는데 지금은 지나인의 총칭이 되었다. 그 시장은 대부분이 청과물 가게이고 간간이 잡화점이 있어 매우 시끄럽다.

중국인 시장

---

2) 남만(南蠻)이라고도 한다. 4夷의 하나로 이민족을 가리키는 멸칭이다.

■ 시베리아 대철도의 선로를 밟다

시장의 왼편에는 우리들이 오랫동안 꿈속에서나 오고가던 저 유명한 시베리아 대철도 선로의 건널목이 있다. 여러 해 이것에 대해 말로 하고 글로 쓰다가, 지금 실제로 이 철도의 선로를 밟고 기차가 검은 연기를 내뿜으며 서쪽을 향해 달려가는 것을 보는 것은 실로 감개무량한 일이다. 선로는 평평한 흑룡만(黑龍灣)을 따라 앞으로 달리고 있었다. 이것은 훗날 동양, 아니 나아가서 세계에 일대 바람을 몰고 올 아주 유력한 계기가 될 것이다.

들으니 지금 여기를 건너 120리 되는 니콜리스크 부(府)까지 궤도 부설을 마치고 오는 9월 하순 경이 되면 통상 객차의 왕복을 시작한다고 한다. 현재는 다만 화물차가 철도용 목재를 싣고 왕복하는 것을 볼 수 있다. 이 목재는 멀리 오데사(우크라이나의 항구도시) 항에서 기선으로 실어 나르는 것이라고 한다. 이 우수리선(線)이 준공되어 페트르스부르크선(線)과 서로 연결되는 시기에 대해서는 종종 변경되어 여러 가지 설이 있지만, 금년부터 향후 8년 즉 1900년을 준공 시기로 결정하고 있다고 한다. 그렇다면 세기가 바뀜과 동시에 20세기에는 세계, 특히 동양의 기운이 크게 혁신될 것이라 기대해도 좋을까.

■ 블라디보스토크 항은 온통 건축의 시대

저 신기루 같은 가옥들이 나란히 늘어서 있는 사이를 지나 정오에 후소샤(扶桑舍)에 도착하였다. 배 안에서 시가지를 바라볼 때에는 거리가 정돈되어 상점이 즐비한 것 같았지만, 지금 도로를 통과하면서 보니 아직 건물들이 모두 지어지지는 않았다. 돌을 나르는 자, 혹은 기와를 쌓는 자 등이 있어 마치 목수의 작은 집에 들어갔다는 느낌이었다. 그래서인지 어떤 사람은 말하기를 "블라디보스토크는 화재가 난 곳 같다"고 평하였다. 아무튼 이 항구는 전역이 건축의 시대였다. 시가의 설계 규모는 실로 놀랄 만큼 큰 것으로 서북으로 연장 7리에 이르고, 앞으로 35년이 지나지 않아 동양 제일의 대부두가 될 것은 의심할 여지가 없다.

■ 일본 여관의 번창

후소샤는 이곳에서 일본 여관으로 유일한 곳인데, 이 항구에 온 일본인은 반드시 투숙하는 곳이다. 빈 방은 없었고 15, 6조 정도의 방 하나에 큰 식탁 하나, 침실 8개가 있었다. 숙박료는 1박 80가(哥: 일본 돈 64전)라고 한다. 러시아인의 여관은 1박 2루블 50가(일본 돈 2엔)를 달라고 한다.

점심 식사 후에 우리 제국 무역사무소에 도착하여 무역사무관, 후다하시 켄(二橋謙)[3]씨 및 노무라(野村) 씨를 면회하여 이곳의 상황에 대해 여러 가지를 질문하였다. 지금 여기에 블라디보스토크 항에 대해 무역사무

---

3) 에노모토 다케아키(榎本武揚)의 사위. 메이지 30(1897)년부터 블라디보스토크에 무역사무관으로 주재. 러시아어에 능통하고 『日露辭書』를 저술하였다.

관에서 들은 것과 내가 보고 들은 것 등을 개괄해서 아래에 기술한다.

■ 블라디보스토크 관리의 내력

블라디보스토크는 아세아 러시아 연해주의 최남단에 위치하는 한 도시로 무라비요프 아무르스키[4] 반도(점거한 장군의 이름)의 남단에 있다. 위치는 북위 43도 7분, 동경 131도 54분이다. 동쪽은 우수리만이고 서는 아무르만(흑룡만)이다.

본래 이 항구가 러시아령으로 귀속된 내력을 알아보면 1850년 5월 러시아 해군소좌 네벨스코이가 처음 이 땅에 상륙하여 독수리 깃발을 세우고 러시아령이라고 칭하여 이 땅을 블라디보스토크라고 이름 지었다. 이 이름은 러시아어의 '관리(管理)'와 '동부'라는 글자로 이루어진 단어다. 그러나 이때까지는 다만 러시아령이라고 칭한 것뿐이고, 국제법(公法)상 러시아령이라고 인정한 지역은 아니었다. 1860년에 처음으로 육군 40명을 보내서 상륙시켜 여기를 점거하고 그 해 8월을 기해서 청국과 조약을 체결하였다. 이 조약은 다음의 내용이다.

우수리강(烏蘇里江)및 송화강(松花江)으로 나라의 경계로 삼는다. 동은 러시아에 속하고, 서는 청국에 속한다. 또 그 이남은 항카호(興凱湖, khanka)를 넘어서, 바로 베링해(白令河, Bering))에 이르고 베링해에서 산맥을 따라 호포도(瑚布圖) 하구에 이른다. 다시 호포도하(瑚布圖河)로부터 훈춘하(琿春河)와 일본해 사이에

---

[4] 1809~1881. 러시아의 육군 중장으로 1847년 동부 시베리아의 총독에 임명되었다. 1854~58년까지 아무르강을 따라 수차례의 탐험을 했고 마지막 탐험 때 차르의 전권대사 자격으로 중국과 아이훈 조약을 체결하였다. 이 조약으로 아무르 강은 러시아와 중국의 경계로 인정되었고 그는 아무르스키 백작작위를 받았다.

있는 산봉우리를 따라 도문강에 이른다. 그 동을 러시아령으로 하고 서를 청령으로 정한다.

▣ 블라디보스토크 항의 진보

이상의 조약에 의하여 블라디보스토크는 처음 공식적으로 러시아령이 되었다. 여기에 병영과 사원 한 채를 건축하고 그 해 말에는 6백 명의 인구를 갖는 마을이 되었다. 1862년에 이 항구를 군항으로 정하고 아울러 자유항으로 만들었다. 1864년에는 이곳에 표트르대제 만(灣) 내부의 여러 항에 총독을 두고, 이 해 시회(市會)를 설치하고 시장을 선출하였다. 1865년 시베리아 소함대를 가지고 운송업을 시작하였고 본국에서 제1회 식민(植民)을 보냈다. 1872년 해군진을 니콜라앱스크 부(府)에서 이 항구로 옮겨 설치한 이래 인구가 매우 증가하였고, 이어 1876년 시제(市制) 시행 후에는 더욱 성대하게 되었다. 1885년에는 군인을 합쳐서 인구 1만 5백 명에 달하였다. 오늘날에 이르러서는 대략 4만 2천 내외의 인구가 있다. 그 내역은 다음과 같다(다만 인구는 정산하기 어렵다고 한다).

러시아인	1만 6천 5백인
지나인	2만 2천인
조선인	2천 6백인
일본인	7백 5십인
독일인	7십 2인
영국인	11인

각국인   10인
합계   1만 9천 143인

■ 블라디보스토크 항의 기후

더위와 추위가 모두 엄혹한 것은 세인이 이미 아는 바로 특히 추위가 매우 심하다. 이것은 오로지 해양성 기후가 결여된 아세아 내지의 지방에 접해 있기 때문이다. 이하에서 야시로(八代) 대위의 번역서 『블라디보스토크』 중에서 기후 항목을 소개해 둔다.

■ 기후의 불순

위도는 로마, 베니스, 제네바, 밀라노 등과 위치를 같이 하지만 그 기후는 매우 불순하다. 이 연해주는 쿠로시오 해류의 영향을 받지 않고 도리어 대륙에 따라서 북에서 남으로 흐르는 한류로 인해 한냉하다. 그리고 이 한류의 영향은 여기에 머물지 않고 아래와 같은 힘을 드러낸다.

여름은 온난한 남풍 및 동남풍이 불고, 이 온난 다습한 대기는 한류의 위를 건너서 찬 것이 된다. 수증기는 침전해서 비 또는 안개가 된다. 이 때문에 비와 안개가 심해서 여름철은 매우 습하다고 할 수 있다. 이 습기는 건물 안에 가장 건조한 방이라고 하여도 곰팡이를 생기게 하기에 충분하다. 또 목재 등은 팽창하고 금속은 산화하며 연초는 습해서 맛을 잃는다. 음용수는 더럽다. 가끔 비와 안개가 없는 날은 더위가 강해서 숨쉬기에 곤란함을 느낀다. 그늘에서도 한난계 99도 반에 달한다. 혹은 이상을 넘을 때도 있다. 때로는 밤이 되어도 선선함을 느끼지 못할 때도 있다. 다만 가을은 연중 가장 유쾌한 시기로 날씨가 청량하고 한난(寒暖)을 몸에 접하는 좋은 시절이다.

■ 겨울철 기후 및 혹한

겨울철에 이르면 한기가 강해져 북풍과 북서풍이 불고 날씨는 조각구름을 드리우지 않을 때가 많다. 이 계절에 대기의 건조가 매우 심하다. 연초는 가늘어 지고, 목재는 수축한다. 가구에는 대개 틈이 생긴다. 강설은 매우 적다. 그러나 눈보라가 칠 때는 눈을 도로의 한편에 모아서 설루(雪壘)를 쌓을 수 있는데, 이 눈보라를 방언으로 프르카(雪嵐-눈보라)라고 칭한다. 겨울철의 폭풍은 10월 후에, 이르면 그보다 일찍 오고 12월 및 1월을 기해서 가장 기승을 부린다. 한기는 화기(華氣) 영하 28도 75(列氏[5] 영하 27도)의 혹한으로 내려간다.

■ 풍력에는 정해진 시간이 있다

풍력은 모두 정해진 시간이 있다. 아침은 조용하고 오전 10시, 11시 사이가 되면 바람을 일으키고 정오가 가까워지면 세력이 강해져 3, 4시경에

---

5) 열씨온도는 르네 레오뮈르가 제안한 온도 체계이다. °Ré, °Re, °R 등으로 표기한다. 1기압에서 물의 어는 점은 0°Re이다.

가장 강하게 된다. 저녁 무렵 겨우 잦아들어 드디어 다시 조용해진다.

▣ 블라디보스토크 기후의 양극단

  요컨대 블라디보스토크의 기후는 양극단이다. 즉 비교할 수 없이 건조하고 차며 거센 바람이 있고 눈이 없으며 맵고 추운 겨울, 그리고 온난한 남풍에서 생기는 비와 안개, 더할 수 없이 습기가 많은 혹서를 겸하고 있다.

  기후는 이와 같아서 여기에 부수되는 현상으로 겨울에는 목재가 건조하여 수축하고 여름에는 습하기 때문에 팽창한다. 그러므로 바닥, 벽, 천장 등은 겨울에 모두 틈새가 생기고 여름에는 팽창한다. 또한 목재판이 모두 갈라져 틈새가 생기고 대나무로 메운 것은 과도하게 건조하기 때문에 접착력을 잃어서 이탈한다. 목조 가옥은 갈라지고 악기는 파손되기에 이른다. 담뱃잎은 겨울에는 가루가 되고 여름에는 짜면 물이 생긴다. 따라서 여름에 실내를 건조하게 하려면 부득이 불을 때지 않으면 안 된다. 1885년의 날씨는 맑은 날이 140일, 기타 221일은 눈바람, 안개, 비, 눈, 습한 바람 등이라고 한다.

  이상은 블라디보스토크에 관한 기술 가운데 일부인데 이날 오후 2시에 내가 가져간 한난계는 바로 화씨 94도를 가리켰다. 구마모토와의 동시 관측에 따르면 91도다. 사무관의 이야기로는 어제와 같은 심한 냉기로 인해 외투를 착용했고, 또 어제처럼 심한 습기로 인해 실내에 난로를 땠다고 한다. 이곳의 기후의 불순함을 미루어 짐작할 수 있다.

▣ 무단정치의 여파가 살벌 잔인한 풍속을 만든다

　개항장에서 풍속이 가벼운 것은 어느 나라에서도 면할 수 없는 것이지만 블라디보스토크는 여기에 더하여 하나의 나쁜 풍속이 있다.

　이 항구는 군항인지라 모든 일에서 무단(武斷)을 정략으로 삼기 때문에 다른 인민들도 스스로 살벌해진다. 더하여 식민을 도모하기 때문에 본국의 죄수를 이곳에 보내와 일을 시키고 이들이 형기가 차면 이곳을 떠나 자유민이 되지만 잔인하고 혹박(酷薄)한 자가 적지 않다. 이들은 도덕이나 의리의 관념을 갖고 있지 않은 것이 아닌지 의심스러울 정도다.

　러시아 인종, 저 얼굴에 일종의 잔인함을 띠고 그 하등민처럼 흐트러진 머리카락, 초라한 누더기 옷, 붉은 수염이 깊은 얼굴을 덮은 러시아 인종이 행인을 흘겨보는 모습은 한눈에 보아도 한바탕 성깔을 부릴 것만 같다. 그래서 강도가 많고, 사람을 협박해서 빼앗는 수단을 쓰는 대신 오히려 처음부터 목숨을 빼앗아 버린 뒤에 상습적으로 재물을 약탈한다고 한다. 그밖에도 외설 풍속이 있어, 남편이 있는 부인이 따로 정을 통하는 것도 이상한 일이 아니라고 한다. 이 점으로 보면 우리 매춘부도 이곳에서는 심하게 부끄러운 일이 아닌 것 같다.

■ 미술의 우아함이 부족하다

이곳에서 보는 러시아인은 예상보다도 몸이 장대하지 않다. 대부분은 백색 옷에 하얀 군모를 쓰고 있다. 상인이나 하급관리에 이르기까지 군모를 쓰는 것은 일반적인 풍습인 것 같다. 남자는 절대로 양산을 쓰는 일이 없고, 가랑비 정도는 우산을 사용하지 않는다. 하층민은 누추한 옷을 입고 왕왕 외투를 입는 자도 있다. 대체로 '유행'이나 '멋 부림'같은 것은 훗날의 얘기가 될 것 같다.

일반적으로 미술 사상이 부족하고 정원 같은 것은 전혀 없다. 드물게 창가에 분재를 놓는 것을 볼 수 있을 뿐이다. 부인은 사라사(更紗, 다섯 가지 채색으로 무늬를 날염한 것-옮긴이)의 보자기 실크를 머리에 쓰고 어깨에 늘어뜨린다. 상류사회의 처녀가 아니면 모자를 사용하는 자가 없다. 때문에 일본인은 바로 러시아 부인에 대해 평하기를 달마(達磨)라고 너그럽게 부른다. 대개 그 모습이 비슷하기 때문에 그럴 것이다.

부인의 복장은 따로 서양 부인복과 다르지 않지만 모두 화려한 색을 선호하여 홍색, 진홍색, 자색이 매우 많고 노부인들도 깊은 홍색 옷을 입는 자가 적지 않다. 그 옷감의 재질은 사라사(更紗)다.

그밖에 일반의 기호가 모두 유치하여 그윽하고 고상한 것을 좋아하는 것이 없다. 그 개국(開國)이 아직 유치한 단계이고 그 사상도 단순한 것을 면할 수 없다. 미술 국민의 눈에 비치는 바는 모두 살풍경한 유치한 것뿐이다.

■ 블라디보스토크의 명물 달마와 적귀(赤鬼)

시중에는 본래부터 인력거가 없었고, 다만 종횡으로 달리는 것은 마차다. 마차를 모는 자를 보니 빨간 옷을 입고 이상한 흑도모(黑塗帽)를 쓰고 수염이 수북하여 마치 명부(冥府, 죽은 사람의 혼령이 가서 사는 세상)의 빨간 귀신과 비슷하다. 그러므로 일본인 사이에 "블라디보스토크의 명물은 달마와 적귀다"라고 하는 소문이 있는데, 아마도 부인과 마부의 이상한 모습을 말한 것이다.

■ 만자(蠻子)의 신세

하층 부인들 중에는 맨발인 자가 있고, 어린아이들 같은 경우 대부분은 항상 맨발이다. 이 항구에서 사회의 상류를 점하는 인사는 대부분 군인이고 기타 무리 가운데 신사라고 칭할 자는 적다. 나머지는 병졸과 노무자(工夫)가 다수를 점하고 있다.

시의 인구 대부분을 차지하는 것은 지나인이지만 저 만자(蠻子)라고 불리는 탈적(脫籍) 하거나 혹은 도망쳐온 하층 천민은 모두 천업에 종사한다. 그 중에는 천업조차 얻지 못하고 쓰레기 더미 등을 수색하는 공자(公子)도 있다.

매년 이곳에서 돈을 버는 지나인이 많아지고 있고 특히 올해는 해빙 후이미 1만 2천 명이 도래했다. 올해처럼 지나인이 많이 도래한 것은 지금까지 없던 일로 이것은 순전히 산동성(山東省) 지방의 기근에 의한 것이라고 한다. 그러므로 도처에서 지나인을 보지 못하는 곳이 없다. 만약 저들이 조금이라도 기개가 있었다면 블라디보스토크 항은 말할 필요도 없이 이미 지나인의 소유가 되었을 것이다. 전 시내의 인구 과반은 지나인이 점하고 있고 러시아인의 경우는 대체로 그 반을 점하는데 지나지 않는다.

▣ 상업의 경황(景況) 및 수출입

일본인 재류자 750인 중 상점을 가진 자는 12호로 제1등은 스기우라(杉浦) 상점이다. 그 외에 가토(加藤), 기무라(木村), 에무라(江村), 마쓰오(松尾), 고바야시(小林) 등의 각 상점이 있다. 기타 6개는 저 추업점(醜業店)[6]이다.

스기우라 이하 각 상점은 어느 것이나 일본 잡화를 파는 점포다. 사무관의 소개에 따라 스기우라 상점을 가 보았지만 10만 엔 내외의 매상이 이루어지는 규모로, 긴자거리(銀座通)에서라면 아마도 매우 드물게 눈에 띠는 정도일 것이다. 주인에게 면회해서 여러 가지 상업상의 일을 질문하고 돌아서서 기무라 상점을 방문하였다.

이 항구의 무역은 대개 재류인의 수요를 공급하는 수입품일 뿐이다. 수출은 매우 적고 수입액은 점차로 증가해서, 1889년에는 580만 루블이었던 것이 1892년에는 875만 루블에 이르고 금년은 이미 1천만 루블을 초과했다고 한다.

---

6) 슈교덴. 매춘부가 있는 가게.

무역에서 가장 큰 세력은 독일의 알베르스 상회로 수입 전액의 3분의 1
을 차지한다. 나는 여러 가지 물건을 사기 위해 이 점포에 가보았더니 잡
화점 및 주점으로 이루어져 있었다. 다락 위에는 실로 막대한 양의 화물을
보관하고 있었다.

이 항구의 수출품은 산인삼, 어류, 곤포, 우골, 갱사 등이고 주류, 연
초, 부싯깃(引火奴), 사탕의 네 가지는 이 항구의 보호품으로 수입세가 매
우 높아서 자못 고가이다. 그러므로 입항 시에 승객이 사용하고 남은 술,
연초 등이 있으면 버리는 것을 잊어서는 안 된다.

▣ 황태자 환영문

시내 곳곳을 사무관으로부터 안내받았다. 안내자가 이끄는 대로 산책하
다 보니 도로도 가옥도 대부분 반이 완성되었다고 할 정도였다. 도로에는
벽돌을 운반하는 조선인, 돌을 깨는 지나인 등으로 가득했다. 이들 건축
이 모두 완성된다면 이 항구의 번영은 본격적으로 이루어질 것이다.

알베르스무역관(스베트란스카야 거리, 1896)

러시아혁명 이후 굼백화점이 되었다(2014)

잔교거리(棧橋通, 지금의 스베트란스카야 50번지–옮긴이)에 이상한 모양으로 건축된 대문이 하나 있다. 이것은 1891년 5월 니콜라스 황태자 전하가 왔을 때 환영을 위해 시민이 설치한 것으로 니콜라이 문이라고 한다. 벽돌을 쌓아올린 사각형의 문 위에 녹색으로 채색되어 설치된 첨탑은 하늘을 높게 찌르고 있었다. 그 사면은 여러 가지 색으로 빈틈없이 칠해져 있어 예를 들면 용궁 장난감을 보는 것과 다름이 없었다.

■ 시내의 중요한 건축물

시가의 뒷부분에 언덕이 있고 언덕 위에 일조계(日照計: 햇볕이 실제로 내리쬐는 시간을 자동으로 측정하는 기기– 옮긴이)가 설치되어 있었다. 올라서 보니 시 전체가 한눈 아래에 있다. 시내는 행정 구역상 4구로 나누어 경찰서장이 통할하게 하였다. 동부에 조선장(造船場) 및 각 사관(士官)의 저택이 있고, 서부에 정거장(건축 중) 및 꽃거리(花街)가 있었다. 중앙의 건축물 가운데 중요한 것은 부청, 병영, 해군구락부, 해육군 병원, 경찰서, 지사관저, 교회당 등이다. 근래 공업도 점점 진보하여 벽돌 제조장, 양주회사, 맥주 제조장, 피혁 제조장 같은 것도 5개소에 이른다.

개선문(1891)

개선문(2014)

우체국(스베트란스카야 거리, 1897)

우체국(2014)

운체르베르게르총독(1842~1921)관저

해군병원(1889~1896)

일본총영사관(오케얀스카야 20번지, 1916~46)

일본총영사관(2014)

조선군사령부(현재는 경찰서, 2014)
알베우트스카야 44번지

우수리극장(스베트란스카야 거리, 2014)

▣ 함대 및 그 병비

블라디보스토크는 시베리아로 들어가는 입구에 있는 러시아 군항이다.
해군진을 두고 시베리아 함대, 동양분견 함대, 의용 함대를 갖추고 있다.

1891(메이지 24)년의 조사에 의
하면 시베리아 함대 12척, 동양
분견 함대 5척이 있다. 어느 것이
나 동부에 정박한다. 의용 함대는
1878년에 유지들의 의연금으로 한
개의 함대를 편성한 것인데 총 10
척으로 이루어져 있다. 이들은 항
의 서부에 정박한다.

건조 중인 러시아잠수함(1897)

그렇다면 이 항구에 정박하는 군함은 총 27척이다. 아아, 21개의 포대,
27척의 군함을 무슨 일에 쓸 것인가. 저들이 극동에서 힘을 쓴다면 그것은
매우 중요한 일일 것이다.

▣ 블라디보스토크를 무역항으로 만들려는 준비

근래 블라디보스토크 항에 대해 그 일부를 무역항으로 하자는 논의가 막
무르익고 있다. 즉 러시아 정부는 위원 및 기사를 파견하여 그 자리를 조
사시키고 적당한 위치가 선정되어 보고(復命)되면, 이에 의거하여 무역항
으로 정한다는 취지를 공포했다는 전보가 도달하였다고 한다. 내가 이곳

에 체재할 때 그런 소문이 있었다.

러시아 정부는 이 준비를 위해 셰벨료프 기선회사를 보호하는 한편, 본사를 이곳에 두고 지사를 우리 나가사키, 고베 및 조선의 각항, 지나의 각항에 두어 운송 기선을 증가시켰고, 항로 1리에 3루블의 보조금을 주어 각국 상선과 크게 경쟁을 시도하려고 하였다. 실제로 우리 우선회사는 이것에 영향을 받아 귀항시에 하등석 운임을 낮추어(나가사키까지 9엔을 6엔으로) 승객을 다투었다. 장래 이 항로에 관한 것은 모름지기 주의해야 할 것이다.

▣ 지질 및 가축

이 부근은, 그 암석이 태고기의 사암, 점판암 등으로 조직되어 있고 그 표면은 이들의 곰팡이에서 생긴 토양으로 이루어져 있어 지질이 매우 비옥하다. 아무 데서나 목초가 무성하여 소, 말, 돼지를 방목하는 것을 볼 수 있다. 말은 그 체격이 모두 장건하고 성질이 순하다. 야간에는 풀밭에 놔두어 푸른 풀을 먹게 하고 다음 아침이 되면 목동 한 명이 말을 타고 가서 소리를 질러 부르면 수십 두의 말이 스스로 열을 지어 그가 쫓는 대로 집에 돌아온다. 털색은 백색 등이 많고 얼룩무늬가 자못 아름답다. 이렇게 흰털이 많은 것은 토지에 많이 쌓인 흰눈에 저들이 동화한 결과일 것이다.

▣ 불쌍한 지나인과 조선인

저녁 식사 후 조선인과 지나인이 거주하는 촌락(지금의 오케얀스카와 스베트란스카야가 만나는 광장―옮긴이)을 산책하였다. 이 촌락은 항구 북쪽의 한 작은 언덕에 있다. 이들 인민은 일찍이 다른 인민과 함께 거주하는 것(雜居)을 허락받았지만, 예의 불결함 때문에 철도 선로를 담당한다는 명목 아래 이곳으로 퇴거를 명령받았다고 한다.

그 당시 러시아 관리의 잔인함, 퇴거 인민의 불쌍함은 실로 말로 다할 수 없는 것이었다. 퇴거 명령이 내려지자 러시아 관리는 아직 저들이 주거하는데도 불구하고 일부에서는 가옥을 모조리 파괴하였다. 퇴거민들은 살 집이 없었고, 새 집을 세울 자금도 없어 마침내 길가에서 방황하는 자가 많았다. 지금도 조선인은 살 집을 짓지 못하고 모두 천막 안에서 살고 지나인은 조잡한 가옥에 산다. 그래도 저들은 아무렇지도 않게 여기며 가난함을 즐기고 천막 중에 자고 일어난다. 저들은 이렇게 자신들의 묘지로 서둘러 가고 있는 것이다.

조선인 화물선(20세기 초)

한인촌

▣ 야간 블라디보스토크의 소동과 순사의 협박

밤이 되자 서늘한 기운이 심해지며 블라디보스토크의 진면목을 드러냈다. 온도는 바로 78도로 내려갔다. 낮의 기온과 실로 16도의 차이가 있다.

들으니 이 항구는 야간에 매우 시끄럽다고 한다. 날이 저물게 되면 가두의 행인이 거의 끊겨서 오후 8시에는 문을 잠근다. 그리고 매우 견고하게 집을 잠그는데 대부분 이중문을 사용한다고 한다. 이중문의 인기를 일부분 짐작해 볼 수 있다.

밤에 문밖을 산책할 때에는 통행금지 시간이 정해져 있는데, 조선인과 지나인은 오후 8시를 기한으로 기타는 9시를 기한으로 한다고 한다. 만약 일이 있어 밤중에 통행하는 일이 생기면 순사에게 협박당하여 금전을 탈취당하는 일이 보통이다. 그러므로 야간에는 순사를 가장 두려워한다. 경찰관은 인민을 보호하는 자가 아니라 산적을 겸하는 자들인 것이다. 한편 경찰이 가장 두려워하는 것은 일본인이다. 때문에 우리 일본인은 그러한 재해를 당하는 자는 적다고 한다.

▣ 블라디보스토크 항의 개

이 항구는 항상 추워서 개들이 자못 많고 그 몸집은 매우 크다. 겨울철에 썰매를 끄는 개는 몸이 매우 크지 않더라도 성질이 민첩해서 한 마차(車)에 5필 내지 7필로 사람을 태우고 이것을 끈다. 한 필이 선두에서 끌면 다른 개는 2열로 뒤에서 따라 나가는 방식이다. 내가 시중에서 목격한 거대한 개는 곰이라고 속을 만한 것이 있었다. 이들 무리를 이룬 개는 사람이 안정을 취하고 있는 깊은 밤에 으르렁거리며 서로 짖어 대서 타향에서 잠이 안 오는 우리들로 하여금 거의 잠을 이룰 수 없게 만들었다.

8월 9일

■ 내지 여행에 오르다

8월 9일 아침 때때로 비가 내렸다. 온도 80도(구마모토 76도). 10시경부터 맑아졌다. 어제 이래 이미 항구의 일반적인 상황을 대략 시찰하였으므로 오늘은 조금 들어가 내지의 정경, 즉 유명한 시베리아 대평원, 러시아 농민의 생활, 지리 지질, 동식물, 대철도 공사, 죄수의 신세, 군대 야영 등을 시찰하고자 했다. 이를 위해 항구에서 10여리 떨어진 크라스누이무이스에 이르러 그 근방을 탐색하기로 결정하였다. 이 지역은 대철도를 따라 연해주의 중심지(首府)인 하바롭스크 부의 통로에 해당하며, 죄수가 머물고 있는 촌락이고, 또 연도에는 둔전병의 촌락, 군대의 야영 등이 있기 때문이었다.

▣ 여행용 마차

오전 8시에 역전(驛傳)에 이르러 마차
를 불렀다. 역전은 시베리아 내지를 향
해 이어지는데, 여객에게 마차를 제공
하기 위해 정부의 명에 따라 설립된 것
이다. 대략 20리 간격으로 1역(驛)을 두
고 있다.

마차(1899.6.15.)

내지를 여행하는 마차는 타란타스
(Tarantass)라고 불리며 그 구조가 조금
특별하다. 마차에는 용수철(彈機)이 없
고, 몸체(箱子)는 철제로 만들어졌으며
그 안에 마른풀(枯草)을 깔고 손님을 앉
힌다. 이것을 건장한 말 3마리가 끈다.
대개 시베리아 내지 여행은 여러 달 계
속 마차 안에서 일어나고 눕고 먹고 자
는 역전마차를 이용하는 것이다. 차비는 1

마차(1901.2.24.)

시간에 1루블이고, 말을 끄는 자는 앞서 말한 예의 적귀(赤鬼)이다.

후소샤에서는 우리들을 위해 통역으로 도바시(土橋) 씨를 동반시켰다.
우리는 어제 밤부터 마차의 준비를 명해 두었지만, 마부는 오늘 아침 우리
들이 오는 것을 보고서야 목장에서 목마를 데리고 와서 비로소 준비를 시
작하였다. 듣기로는 내지를 여행할 때 러시아 관리가 먼저 통과한 뒤가 아
니면 보통의 여행객은 지나갈 수 없는 것이 이곳의 제도라고 한다.

■ 러시아 국민의 생활

지루한 준비를 기다리길 대략 1시간, 이 사이 러시아국 인민의 생활 모습을 관찰할 수 있었는데, 불결함과 예의가 없는 것은 도저히 피할 수 없는 것 같았다. 부인은 맨발로 아침식사를 준비하기에 바빴고, 주인은 말똥으로 범벅이 된 의복을 입고 위로 아래로 분주했다. 내가 음료수를 부탁하자 부인은 컵을 잡고 깨끗이 닦는다는 표정을 지었지만, 불결한 의복의 옷깃으로 컵을 닦아 물을 넣어 주는 데는 기가 질렸다.

■ 내지의 어수선한 마차의 만행

마차가 겨우 출발했다. 도바시 씨가 미리 우리들에게 주의를 주어 말하면서 "이 길은 대낮에도 도적이 횡행하여 자주 저격당하고 죽는 자도 있으니 조심하기를 바란다"고 하였다.

마차가 요란하게 시가를 떠나 북으로 나가니 공동묘지가 있었다. 일본인 묘지는 도로 변의 위쪽에 있었는데 하얀 철책을 둘러서 매우 깨끗했다. 러시아인 묘지는 길 아래쪽에 있었고, 덩굴이 높아서 십자가를 가리고 있는 것이 보였다. 지나인과 조선인 등의 묘지는 하나도 볼 수가 없었다. 알 수 없다. 저들의 유골(軟骨)은 어느 땅에 매장되어 있단 말인가.

여기를 지나면 구릉의 기복이 있어서 대개 비탈길뿐이다. 마부가 자주 채찍을 가하자 세 마리가 일제히 달렸다. 조잡하게 만든 철 마차에 용수철이 없었으므로 격동이 심하고 볼기가 들썩거렸다. 마치 몸이 키질하는 가

137

운데 있다고 하는 농담과 다르지 않았다. 바로 가슴과 배에 전달되는 극심한 통증을 호소하게 되어 그대로 앉아 있을 수 없을 지경이었다.

도중에 만난 여러 개울들의 교량은 최근의 강우로 수량이 넘쳐서 모조리 무너져 내려 있었다. 그러므로 하천을 만나면 마부는 그 채찍을 들고 목소리를 높이 하여 말을 치면 세 마리가 바로 이것을 뛰어 넘었다. 실로 유비(劉備)의 말이 단계(澶溪)를 넘을 때도 이랬을 것이라고 추측하니 그 난폭과 위험은 말할 필요도 없었다. 그리고 위험한 상황을 만날 때마다 마부는 손님을 돌아보며 쓴 웃음을 짓거나 얼굴을 찡그려 보이기도 하였다. 우리들은 괜찮은 척하고 있긴 했지만 실은 고통에 거의 견디기 힘들 정도였다.

▣ 내지의 평원 및 동식물

내지로 점차 진행함에 따라 시베리아 내지의 평원은 한눈에 바라볼 때 끝없는 대평원이다. 하지만 여기까지는 평이한 작은 구릉이 많았다. 비탈길을 오르고는 또 다시 넘어 내려가곤 했다. 길의 양측에는 다양한 잡초가 사람의 어깨를 덮을 정도로 무성하고, 혹은 만발한 백화가 온통 하얀색으로 덮여서 눈(雪)이라고 착각할 수 있는 곳이었다.

대략 시베리아에서 식물의 발생 경계는 북위 56도 반, 이남을 끝으로 한다. 그 이북에 이르면 동빙대(凍氷帶)에 속해서 청과물이라고는 여름철에 겨우 소태(蘇苔) 몇 종류 있을 뿐이다. 그러나 이 주변은 삼림이 많고 무성하며 때로는 나무들이 서로 부딪쳐서 불이 나는 경우도 있다고 한다. 근래에는 인구의 증가 및 철도공사 때문에 남벌이 행해져서 거대한 교목(喬木)

은 귀하고 삼림이라고 해도 대개 2장(丈) 이내의 잡목이다.

이 숲속에는 승냥이, 여우, 큰 사슴, 흑담비 등이 매우 많다. 특히 호랑이와 표범은 흑룡, 연해 양주의 특산으로 왕왕 호랑이의 피해가 발생한다. 사슴은 매우 많았다. 이주부리 및 고즈리로 부르는 사슴류는 뿔이 컸다. 이 뿔을 벽 사이에 걸어서 장식을 하는 집들이 있다고 한다. 담비는 매우 많아 보였다. 담비의 껍질은 창의 틈새에 붙여서 한기의 침입을 막는 데 사용한다고 한다. 지질상 진기한 것으로 북부 해안의 홍적층(洪積層)에서 출토된 저 큰 코끼리의 유골은 무역품으로 시장에서 거래되며 야쿠츠크 부(府)에서는 중요한 무역품이라고 한다.

▣ 만주 대상(隊商)의 노숙을 보다

3리를 가니 하천이 있었다. 얀치헤(延秋) 강이라고 한다. 일본인은 이것을 첫 번째 강(뻬르가야 레치까-옮긴이)라고 칭한다. 이 하천의 유역은 지질이 일반적으로 기름지고, 둔전병의 촌락 및 야영장이 있는 곳으로 녹림 사이 곳곳에 천막을 펼쳐 놓은 것이 마치 하나의 촌락을 이루고 있는 모습이었다.

이곳을 지나자 도로 곁의 숲속에 만주의 대상(隊商)이 노숙하는 것을 볼 수 있었다. 그 모습은 종래 지리책 등에서 가끔 보는 대상과 다르지 않았다. 1대(隊)가 대략 30명, 마필 50두, 수레(車) 20량 정도로 이루어진다.

이들은 울창한 숲 가운데 수레를 두고 수레 위에는 대나무를 엮은 암펠라 방식의 해 가리개를 쳐놓았다. 그 안에는 사람이 먹고 자고 음식을 만

드는 취사도구와 식기가 모두 있었다. 말은 초야에서 방목해서 자유롭게 건초를 먹이고, 다음 날 아침 해가 뜨면 다시 길을 떠난다고 한다. 그런데 이 대(隊)는 돌아가는 도중에 하루의 휴식을 취하고 있는 것으로 보였다.

이들은 우리들의 귀로(歸路) 길에도 아직 체류하고 있었다. 이 대상은 만주 길림 지방으로부터 상품을 가지고 육로를 통해 수개월에 걸쳐 블라디보스토크에 와서 상품을 교역하고는 다시 육로를 지나 돌아가게 된다.

▣ 내지를 약탈하는 도적의 해가 많다

첫 번째 강을 지나 2리를 가면 두 번째 강이 있다. 본래의 이름은 세단베라고 한다. 또 3리를 가면 세 번째 강이 나온다. 이들 하류는 4, 5일 전에 내린 비 때문에 평원 지방이 늘 그렇듯이 하수가 많이 불어서 한꺼번에 사방으로 넘치는 것을 볼 수 있다.

도로가 파괴되어 매우 나빴지만 마차는 거리낌 없이 아직도 아무렇지 않게 달렸다. 한 언덕 아래에 이르자 도바시 씨가 다시 주의를 주어 말하기를 "지금부터 몇 리 사이는 더욱 위험하여 대낮에 위협하는 도적의 탄환에 죽는 자도 많다"고 하여 차고 있는 단총을 꺼내 준비하였다. 다행히도 우리는 이곳을 무사히 통과하였다. 대체로 이 부근은 온통 죄수의 소굴로 도주자가 많아 이들이 가서는 모두 도적의 대오에 들어가고, 또한 지나의 무뢰한도 뒤섞여 여기에 세를 합한다고 한다.

여기를 지나면 바로 흑룡만의 동쪽 기슭에 다다른다. 대철도 선로가 이 지역을 통과하여 해변을 따라서 동으로 달리는 것을 볼 수 있다. 훗날 기차가 기적을 울리고 문명적인 석탄 연기를 내뿜으며 이 땅을 지날 때는 곧 이곳을 드리우고 있는 암흑의 불길한 기운이 그칠 때일 것이다.

■ 대평원 가운에 있는 외진 가게(孤店)

흑룡만(黑龍灣) 내에서 돌출된 일각(一角)을 크라스누이무이스라고 한다. 이 지명은 홍갑(紅岬)이라는 뜻인데 동북 방향에 있는 우뚝 솟은 화강암 갑(岬)을 가리킨다. 후소샤 지점은 그곳 높은 산기슭에 있는 작은 집이다. 우리는 오전 11시 반 그 작은 가게에 도착했다.

이 가게는 가와베 씨 명의로 되어 있고 건장한 일본인 4명이 가게에 거주하고 있었다. 시베리아 평원 가운데 있는 하나의 외진 가게로 한기(寒氣)는 블라디보스토크 항보다 항상 5도나 추웠다. 때문에 집의 구조를 보면 외벽에는 점토를 두껍게 바르고, 내벽에는 조잡한 벽돌을 쌓았다. 벽의 두께는 3척 정도였다. 실내는 1척 4방의 창 1개를 뚫어 겨우 빛이 들어오게 할 뿐이어서 마치 흙우리와 같았다.

이 방을 주거지로 하고, 겉은 가게의 모습을 갖추어 백, 흑의 면포(麵包, 빵), 크와스(일종의 음료), 카우바스(절인 돼지고기를 만 것), 절인 연어, 잡화를 팔았다. 이것을 주로 하면서 철도 공사(工事) 일에도 종사하고 있었다.

이 가게는 죄수들이 필요로 하는 물품의 수요에 응할 목적으로 러시아 육군의 보호에 의해 설립된 것이고, 따라서 건물도 육군으로부터 대여한 것이다. 마치 우리나라 육군의 주보(酒保)[7]와 같은 성질의 것이다.

---

7) 슈호. 일본군의 기지 · 시설 안에 설치된 매점.

이렇게 죄수를 손님으로 하는 일종의 이상한 가게여서 고생도 매우 심하다고 한다. 때로는 진열된 물품을 강탈당할 때도 있는데 이런 때는 용기를 내서 야단을 치면 그들이 크게 좌절하여 늘 도주한다고 했다. 처음에는 밤에 습격하거나 혹은 도적떼의 습격 등이 있어서 육군에게 초병(番兵)을 요청하기도 했지만, 지금은 이것을 그만두기에 이르렀다고 한다.

이 작은 가게는 후쿠시마(福島) 중좌를 일본인이 처음으로 환영하여 향응을 베풀어준 곳이다. 가게의 뒤편인 흑룡만 주변은 풍광이 아름답다. 즉 흑룡만의 물가 건너에 있는 알레치노이 등대, 그리고 멍구가이, 노우끼예프스크 등의 푸른 들판을 바라보는 곳은 실로 환영할만한 장소라고 한다.

■ 내지에서 받은 향응

우리는 이 작은 가게에서 전차(磚茶), 면포(麵包), 카우바스, 크와스, 홍송어 등의 향응을 받았다. 이 여러 물건들은 모두 시베리아 내지의 특산품들이다.

전차(磚茶)는 러시아인이 매우 좋아하는 물건으로 매우 많이 마신다고 한다. 우리나라에서 좀 더 많이 수입한다면 경우에 따라 지나산 차를 압도하여 수요가 끝이 없을 것이다. 면포(麵包) 중에서도 현지인이 전적으로 좋아하는 것은 유명한 검은 빵(黑麵包)인데 조금 신맛을 띠고 있어 먹기에 곤란하다. 카우바스는 소금에 절인 돼지고기를 분말로 만든 것이다. 이것은 마치 양갱 같이 말았는데, 썰어서 먹으면 맛이 있다. 크와스는 발효성이 강한 음료로 라무네[8]처럼 신맛이 있다. 원래 면포로부터 만든 것이라고 한다.

■ 죄수의 촌락

향응을 마치고 점원의 안내를 따라 부근에 흩어져 있는 죄수의 촌락을 방문했다. 한 취락이 대개 17, 8호로 이루어져 있었다. 집은 목조, 흙으로 만든 두 가지 종류가 있었다.

목조는 전옥(典獄, 교도소의 우두머리-옮긴이), 간수 등의 주택이다. 흙집은 죄수가 거주하는 집으로 그 땅을 파 내려가면 5, 6척 위로 지붕을 덮고 사방은 흙벽으로 둘러싸고, 지붕에도 역시 흙을 덮은 것이다. 그러므로 그 모습이 혈거(穴居)와 다르지 않다. 이것은 강한 한기를 막기 위해 만든 것이다. 집안은 토방에 마른풀을 깔아 요로 삼는데 음습함이 심하고 불결한 것은 말할 수 없을 정도다.

촌락을 바라보면 지면의 작은 개밋둑에서 연기가 모락모락 올라오는 것이 있는데, 이것은 혈거에서 밥을 짓는 연기다. 촌락의 중앙에는 한 단 높여 제사 지내는 장소를 차려서 자연목으로 난간을 세우고, 정면에 점토로 예수의 상을 붙여 놓은 곳이 있다. 죄수들이 매일 아침저녁 작업에 나갈 때나 돌아온 뒤에 이 제사하는 장소에서 기도하고, 나중에 교도소의 우두머리(典獄)가 훈계하는 곳이라고 한다.

---

8) 일본에서 널리 애용하는 청량음료. 물에 설탕과 포도용액을 넣고, 라임이나 레몬향을 첨가한 달콤한 탄산 음료다.

▣ 내지의 지질 일반

이 부근의 지질도 블라디보스토크 항 주변과 같고, 태고기의 점판암으로 이루어졌다. 군데군데 붕괴되어 암석조각이 떨어진다. 간간이 화강암이 있다. 시베리아 대평원의 형편은 가는 곳 마다 별다른 큰 차이가 없으므로 여기까지 살펴본 뒤 돌아가기로 하였다.

크라스누이무이스의 작은 가게에 들리니 점원 스즈키(鈴木) 씨도 블라디보스토크 항에 용무가 있어서 다행히 동행한다고 했다. 이렇게 동행자가 4명이 되자 우리는 마차를 버리고, 도보로 가서 지질을 보고, 동식물을 채집하여 암석, 동식물 표본 모두 수십 점을 얻었다.

▣ 식물계

삼림의 교목(喬木)은 반(半) 한대산으로 함엽과(鍼葉科) 중의 좋은 재료인 신라송(新羅松, 잣나무)이다. 이 나무는 많은 열매를 달고 그 열매는 식용이다. 활엽과로는 자작나무, 복숭아나무, 느릅나무, 단풍나무, 색자수(塞子樹), 보리수 등이 있다. 단풍나무 종류는 매우 많아서 여러 아름의 거목이 적지 않다. 자작나무와 느릅나무 껍질은 가옥을 덮고 가구, 모자, 여름옷을 만들기 위해 현지인들에게 요긴하게 사용된다.

러시아어로 발바스 나무는 일본인이 천융수(天絨樹)라고 칭하는데 복숭아나무 잎이랑 비슷하다. 나뭇결이 빈틈없이 단단하고 촘촘하여 나는 기념으로 그 나무의 가지 하나를 지팡이로 만들어서 귀국하였다. 일본에서는 어디서나 늘 있는 나무인 소나무, 삼나무 같은 것은 한 그루도 볼 수가 없었다. 이것은 식물대의 상층에 위치해서 그런 것이다. 그러므로 삼림의 양상이 우리나라와 전혀 다른 것을 알 수 있다.

쑥은 숲에서 숲으로 걸쳐 번성하고 때를 얻어 얼굴에 가는 꽃을 피웠는데, 이는 지금 이 땅이 화려하게 만개한 봄이기 때문에 그럴 것이다.

▣ 다양한 날벌레

이 숲속에는 많은 종류의 벌레가 서식하고 있다. 나비, 귀뚜라미, 잠자리, 벌 등은 이 한적한 평야를 날아다니며 그 자손을 번식하고 있다. 특히 등에는 무수히 많아서 손발과 얼굴을 공격하고 때로는 가축을 폐사시킬 때도 있다. 파리도 매우 많다. 이곳의 등에, 파리는 그 생존기가 짧기 때문에 야간에도 여전히 앵앵거리며 먹을 것을 찾기에 바빠서 사람과 가축을 번민하게 만든다. 숲속의 초목은 우리나라에서 아직 보지 못한 종류가 적지 않다. 다만 야생의 우엉과 백합은 도처에 많다.

▣ 둔전병(屯田兵) 촌락을 관망하다

첫 번째 강을 지나니 둔전병(屯田兵)의 촌락이 수풀 가까운 곳에 있어 안에 들어가 살펴보았다. 이 마을은 대략 20호로 이루어진 부락이다. 집은 백색으로 칠한 목조이고, 그 사이에 잡화를 파는 상점이 있었다. 둔전병은 대부분 처자를 데리고 살며, 병역(兵役) 이외의 여가 시간에는 잡업을 하고 이것으로 일가의 호구를 마련한다고 한다. 이들은 매우 박봉이다. 지금은 병역에 바쁜 여름철이어서 병졸들은 근방의 숲 사이에서 야영을 하고, 마을에는 가족만 남아있었다.

수풀 사이에 있는 야영지를 지나자, 둔전병 한 무리(一隊)가 작업에 동원되어 있었다. 병졸 등의 복장은 긴 백색 옷 상의에 숫자를 쓴 빨간 견장을 붙이고 상의에 가죽 혁대를 매고, 모포를 어깨에서 비스듬히 걸고 각각 호미 또는 가래를 잡고 있었다. 무기는 갖고 있지 않았다. 이들은 하사의 호령이 떨어지자 보조를 맞추지 않은 채 출발했다.

천막과 천막 사이에는 좁은 통로를 두었는데 털어도 먼지가 없을 정도여서 저들의 촌락보다도 한층 청결했다.

▣ 공병(工兵) 작업장의 장해물

공병의 작업장은 두 번째 강의 주변에 있었다. 장내에는 장해물들이 설치되어 있었는데 그것들이 각각 매우 정교하다고 여겨졌다. 적군의 기병을 방어하기 위해서 준비한 날카로운 말뚝, 구덩이 등의 배치, 혹은 목책(木柵), 장벽의 견고함, 녹시(鹿柴)[9]의 구성 등은 내 평생 처음 목격하는 것이었다. 우리는 이것들을 자세히 보려고 했지만 보초병이 이런 우리를 계속 저지했다. 통역이 말하기를, 그들이 우리를 외국 군인으로 오인하고 그 비밀이 발각되는 것을 두려워하는 것이라고 했다.

---

9) 나뭇가지나 나무토막을 사슴뿔처럼 얽거나 얼기설기 놓아서 만든 적을 방어하는 장애물.

▣ 맥주 양조회사 후원의 조촐한 연회

첫 번째 강 근방에 맥주 양조장이 있어서 여기를 들러보았다. 회사는 벽돌집으로 되어 있었고, 1년에 양조하는 양이 매우 많다고 했다. 블라디보스토크는 주류 수입을 거의 금지하는데 이는 자국의 주조업을 보호하기 위해서다. 이 회사의 양조 생산량은 지금 차지하고 있는 토지에 비해 매우 높은 액수였다.

회사에는 후원이 있어, 숲 사이 곳곳에 의자와 식탁을 준비해 놓고 고객의 수요에 응하여 맥주를 마시게 한다고 했다. 시험 삼아 후원에 이르니 울창한 나무들이 우거져 있었다. 전면

한인촌(첫 번째 강 주변, 1905.3.9.)

에는 광대한 흑룡만이 앞에 있고, 뒤에는 아지랑이가 자욱한 망망한 수면 위로 하얀 돛단배가 유유히 떠있는 것을 바라볼 수 있었다. 가깝게는 붉은 지붕과 하얀 벽을 한 병영이 속속 이어져서 해변가에 이르기까지 우뚝 서 있다. 대철도가 그 사이를 바느질하듯이 달리고 있는 모습이 눈에 들어왔다. 그 풍경이 실로 아름다웠다.

따라온 스즈키, 도바시 씨 두 사람도 자신들이 이곳에 건너온 이래 시베리아에서 처음으로 보는 절경이라고 말한다. 이에 맥주를 신청하여 마시고 또 마시며 순식간에 7, 8병을 마셨다. 심신이 상쾌하고 기분이 좋았다. 대철도를 바라보면서 아세아정세에 대해 논리를 펼치는 자가 있어 흥이 그

칠 줄 몰랐다. 그러나 우리의 앞길이 아직 멀기 때문에 애석해 하며 정원
을 물러나 갈 길을 서둘렀다.

개척리(조선인들의 첫 정착지, 현재는 포그라니치나야 거리, 2014)

■ 만자(蠻子)의 연극을 보다

조선인이 살고 있는 촌락을 지나서 블라디보스토크 항의 시가에 도착하
려 하는데 바로 보이는 곳의 어떤 언덕 아래에 지나인이 매우 많이 모여
시끄러운 것을 보았다. 나가서 들어보니 2, 3일 전부터 지나의 축제일이
어서 저들의 여흥으로 만자(蠻子) 연극을 공연하는 것이라고 했다. 우리들
은 바로 호기심에 끌려서 드디어 1막을 서서 구경했다. 그 대략을 아래에
기술해 둔다.

■ 연극의 연기

연극장은 지나 사원(寺院)의 전면에 설치되어 있었고 풍악으로 흥을 돋우었다. 자리는 처음부터 대개 지나인으로 채워져 있어 나머지 다른 나라 사람들은 드문드문 있는 것 같았다. 우리들이 입장했을 때는 휴식 중이었는데 기다릴 사이도 없이 이상한 소리가 울려퍼지기 시작했다. 큰 북, 자바라, 호궁(胡弓, 깡깡이), 챔버린, 샤미센(蛇味線)[10] 등 요란스런 소리가 나는 가운데 막이 열렸다.

먼저, 하나 같이 붉은색 분장을 한 두 남자가 나와서 좌우에 상대해서 섰다. 그 다음에 나온 것은 황색의 진바오리(陳羽織) 모양의 옷에 검은 문양이 있는 옷을 입은 노인으로 손에는 부채를 쥐고 허리둘레에는 많은 방울을 늘어뜨려 마치 구마가이지로 나오자네(熊谷次郎直實, 1141~1208)[11]라고 말할 수 있었다. 이 노인은 발을 가지고 나가거나 붉은색 옷을 입은 두 사람의 사이에 서서 이상한 말로 부채를 부치며 춤을 추고, 뛰면서 걸어 다녔다.

이렇게 해서 막에 들어가니 다음에는 같은 분장을 한 8명이 박자에 맞추어 나와 말없이 무대를 춤추며 돌았다. 이 사이에 꽹가리 소리 등이 매우 소란스러웠다. 발소리와 서로 어울려 귀가 멍해진다.

잠시 있다가 막이 열리자 여장(女裝)을 한 사람이 장옷을 입고 우주를 나는 것 같이 나온다. 두리번거리며 무엇인가 찾는 것 같은 행동은 생각건대 연인을 물색하는 것이 아닐지. 이곳에 도사 한 명이 오면 광녀는 이것

---

10) 천연비단뱀 가죽, 합성 가죽으로 만든 악기. 산신(三線)이라고 한다.
11) 구마가이 나오자네(熊谷直實)라고도 한다. 헤이안(平安) 말기시대부터 가마쿠라(鎌倉)시대 초기의 무사시노쿠니(武藏國) 熊谷鄕(지금의 사이타마 현 구마가야 시)의 무장.

149

을 다행이라고 하고 연인이 있는 집을 물으니 도사는 여러 가지로 이 여자를 위로하고 인도하는 것 같은 모양이다. 이 사이에 광녀는 때때로 이상한 소리를 내거나 운다. 아무튼 웃긴다.

극이 끝나고 막이 내렸다. 내용을 이해하면 재미있다고는 하지만 우리에게는 실로 어리석고 야만스럽게 느껴진다. 기껏해야 우리 교겐(狂言)[12] 정도가 아닐까. 지나인을 보는 것도 일본의 연극과 같았고, 지나인 역시 그다지 흥겨워하지 않는 것 같았다.

나는 연극을 관람하는 한편으로 극장 내의 광경을 유심히 보았는데, 여러 가지가 연극보다도 도리어 재미있었다. 지금 그 한두 가지를 기록해 둔다.

▣ 극장 안의 광경, 순사의 추태

첫째로는 지나인이 장사에 빈틈이 없다는 점이다. 장내에 진열된 음식점 같은 것은 물론 과일가게, 이발소까지 장내에 빈틈없이 가게를 펴고 있었다. 이발소 같은 것은 매우 편리해서 손님은 이발소의 의자에 앉아 머리를 깎으면서 연극을 보게 되어 있다.

다음으로는 러시아 순사가 무례하다는 점이다. 당당한 제국의 경관이 장내를 진무하기 위해 위엄 있는 관복을 입고 출동하여 지나인이 진열하고 있는 이곳의 과자점, 저곳의 과일가게에서 과자, 오이, 가지 등을 돈도 내지 않고 강탈하여 이것을 씹으면서 아무렇지도 않게 장내를 순찰하는 모습은

---

12) 노가쿠(能樂)의 막간에 상영하는 희극.

형용할 말이 없는 기이한 모습이었다. 소심한 지나인은 순사를 호랑이를 보듯이 지켜보면서 저 자가 언제 우리 가게에 와서 가지를 강탈해갈 것인지 두려워하며, 시선은 항상 순사가 가는 곳을 주시하고 있었다. 순사가 이렇게 파렴치한 데에는 그 이유가 없지 않다. 이 항구는 물가가 비싸 박봉으로 생활하기 힘든 순사가 이러한 방식의 뇌물 탐식 등으로 겨우 입에 풀칠을 한다고 한다.

▣ 블라디보스토크의 물가 일반

하는 김에 물가의 일반을 나타내보면 이발료 30가(哥, 24전 즉 가는 8전 이하), 목욕비는 일본탕 10가, 러시아탕은 1루블 30가, 요카주(酒)는 3합 60가, 기타 이에 준한다. 그중에서도 과일은 귀해서 더욱 비싸고, 오이 1개에 20가, 수박이 1루블 30가로 대부분 일본에서 수입한다. 그리고 이들 물품은 민첩한 지나 상인의 손에 의해 수입되는 것이 많다고 한다. 일본 상인도 이 일에 착수하면 이익이 없지는 않을 것이다.

▣ 사무관 연회석에서의 담화

오후 5시 후소샤에 돌아오니 후다하시(二橋) 무역사무관으로부터 오늘 저녁 만찬에 고모리 씨와 함께 오라는 초대장이 도착해 있었다. 오후 6시 초대에 응해서 사무관 관저에 이르니 도쿄마루 사무장 오자와(小澤) 씨,

후소샤 주인 가와베 씨도 초대받아 와 있었다. 나와 동향 사람인 가토 에쇼(加藤惠證)師[13)도 당항의 본원사(本願寺) 파출원 야다 쇼조(矢田省三)師[14)와 함께 이미 와 있었다.

가토 씨는 시베리아 포교 및 당항에 본원사 별원 건설 문제 때문에 본원사로부터 특파되었다. 나는 일찍이 이것을 듣지 않은 것은 아니지만 지금 이 연회석에서 그와 탁자를 같이 하고 있으리라는 것은 생각지도 못했다. 우리는 서로 기이한 만남을 기뻐하였다.

주최자는 후다하시(二橋) 씨 부부 및 다노(田野豊) 씨인데 연회에서 러시아 사정에 대해 여러 가지 이야기를 나누었다. 후다하시 씨는 이러한 요지의 말을 남겼다.

"우리 일본인의 국가사상 발휘는 실로 외국에서 나타난다고 말할 수 있다. 당항의 개항 이래 아직까지 일본인 범죄자를 내지 않았다. 이것은 오로지 재류인에게 국가적 관념이 있다는 것 외의 다른 것이 아니다. 하나의 추문사건이 있으면, 그것이 일 개인으로서는 가능하지만 다만 제국의 체면을 더럽히는 것을 어찌 해야 할 것인가를 생각해야 한다고 항상 말해왔다. 이와 같은 관념이 재류인에게 깊어진 결과 당항에서 일본인의 명성은 매우 높은 것이 되었다. 러시아인은 일본인이라고 말하면, 이미 나쁜 일을 하지 않는 자라고 믿는다. 따라서 고용되어 있는 일본인도 지나인에 비해 항상 여러 단계 높은 대우를 받고 있다."

---

13) 『木佛畵像論』(1899, 顯道書院), 『小學敎科書:佛敎德育言文一致』(1888, 永田文昌堂), 『弁士必攜佛敎演說指南』(1882, 布部文海堂), 『佛敎演說指南』(1882, 森江佐七) 등의 저술이 있다.

14) 西本願寺에서는 러시아 연해주 지방과 시베리아에 거주하는 일본인을 개교시키기 위해 1887년에 多聞連明을 파견하였다. 그러나 개교 거점을 설치하지 못하였다. 이후 야다가 1891년 도항하였는데 그는 1897년에 블라디보스토크에 블라디보스토크포교소를 설립하여 본격적인 開敎가 개시되었다. 포교소 설립 후에는 蓮本蓮城이 그 경영을 맡고, 이후 하바로프스키와 내륙의 이루크츠크 등에도 그 범위를 확대하였다. 嵩滿也, 「戰前の東・西本願寺のアジア開敎」, 『국제사회문화연구소기요』8, 2006.

한편 가토 씨는 고리스크 부(府)까지의 내지를 여행했을 정도의 사람으로, 예의 유쾌한 언변을 가지고 내지 여행의 어려움을 다음과 같이 말해 주었다.

"시베리아 내지를 여행하는 사람에게는 세 가지를 말해야겠지만, 우선 두 가지의 생명은 반드시 지키지 않으면 안 된다. 무지카의 마차를 타야만 해서 이것으로 하천을 넘어 계곡을 건널 즈음에 만약 일보를 잘못하면 사람과 말이 모두 여러 길 아래 낭떠러지로 떨어진다. 이것을 면하는 방법은 다만 오로지 말의 힘으로 뛰어넘는 방법만이 있을 뿐이다. 또한 여행 도중에는 왕왕 도적이 출몰하고 그 위험은 말하기 어려울 정도다" 등등의 얘기였다.

우리들 역시 내지 여행의 실화를 말하니 담화가 모두 진기하고 흥미가 있어 끝낼 수가 없었다. 일동은 11시에 이르러 이야기를 마치고 돌아갔다. 가두에는 사람 그림자가 끊어지고 다만 무리 지은 개들의 짓는 소리가 들릴 뿐이었다. 가토 씨의 숙소인 본원사에 들렸다가 숙소로 돌아와 잠이 들었다.

8월 10일

▣ 블라디보스토크를 출발하다

8월 10일 쾌청, 아침 84도(구마모토 76도). 이 시에서 제일류의 상점인 독일 알베르스 무역관에 가서 여러 가지 물건을 샀다. 또 만자의 시장에서 물품 몇 가지를 구한 뒤, 일본 무역사무관에 이르러 이별을 고했다. 가와베, 스즈키, 도바시 등 제씨의 전송을 받으며 우리는 지나의 적색 저아주(猪牙舟)를 이용하여 도쿄마루에 승선하였다.

동선자는 고모리, 가토, 가와다(川田) 세 사람 및 프랑스인 비고 씨와 함께 5명이다. 다른 객실에는 일본인 22명, 지나인 대략 100명, 조선인 16명이 승선하였다고 한다.

서본원사기념비(1886년 개교하여 1914-1937년까지 존재) 현재 악자브리스카야 27번지 맞은 편(2014)

▣ 매춘부

여인 한 무리를 태운 작은 배가 2,3척 있었다. 자세히 보니 모두 일본 여인들로 이른바 매춘부들이었다. 저들은 지금 고객을 본선에 보내고 있는 것이다.

분장을 보니 트레머리를 하고 양장을 한 자도 있다. 혹은 큰 줄무늬의 일본 옷에 가는 허리띠를 맨 자도 있다. 부끄러워하는 기색이 없이 양양하게 지나어를 쓰면서 건너편 배에 있는 만자의 선원 등과 농담을 하고 있었다. 그 추태를 보고 있기가 어려웠다.

그렇지만 이들은 만리의 파도를 넘어 미지의 땅에 들어가 언어가 통하지 않는 이방인을 상대하고 있는 사람들이다. 저들의 돈 주머니를 짜내며 이리저리 설치기에 이르는 그 용기에 놀라지 않을 수 없다. 어느 외국인도 우리 매춘부에게는 항상 눈길을 허락한다고 한다.

반면 수염 달고 있는 남자들은 도리어 아주 좁은 내부에 관한 일에만 급급해서 스스로의 몸으로 대양을 건너 외국에서 부(富)를 찾는 일이 드물다. 그래서 "일본 남자는 결국 여자의 용기를 따르지 못한다"는 것이 이 항구에서의 일반적 평가라고 들었다.

■ 블라디보스토크의 추억

도바시 사무관, 노무라 서기생도 보내고 배 안에 올라왔다. 서로 이별을 애석해하면서 이것저것 육지 위의 시가지를 가리켜 보는 사이에 배가 움직이기 시작했다. 재류 일본인 등은 이별의 정을 아쉬워하는 듯 배가 나아감에 따라 혹은 모자를 흔들고 혹은 수건을 흔들며 이별을 표했다.

이 배에는 다른 나라에 재류하는 사람으로서 고국의 해성(海城)과 이별하는 자도 있을 것이다. 선객들은 잠시 익숙했던 블라디보스토크를 떠나는 감회를 참을 수가 없어서 모두 갑판에 서서 멀리 바라본다. 배는 석탄 연기를 남기면서 전진하였고 부두에 우뚝 서있는 저 녹색의 높은 탑, 연달아 있는 적색 집, 그 모습들이 점점 작아져 드디어 볼 수 없게 되었다.

■ 배안에서 가토사(加藤師)의 유쾌한 이야기

배가 금각만 부두를 떠나고 있을 때 가랑비가 촉촉이 내렸다. 금각만의 남쪽 봉우리를 돌아가면 언덕에 세워진 지나인의 작은 부락이 있는데, 이곳은 블라디보스토크에서 나는 석재의 산지라고 한다. 블라디보스토크 사방은 일면이 돌이 없는 평원이고, 가끔 암석이 있더라도 부서지기 쉬운 태고암이다. 그러므로 석재는 매우 귀하고, 블라디보스토크 건축의 시대에 사용되는 석재도 여기서 마련된 것이다. 그런 점에서 지나인의 착안은 역시 민첩하다.

가토 씨는 저 화려한 언변으로 러시아 내지의 어지러운 상태, 터키풍 목욕탕에서의 실수, 러시아 연극 구경에서의 유쾌한 이야기 등을 해학적으로 다양하게 풀어냈다. 그의 이야기는 사람을 포복절도하게 만들고 배안에서의 무료함을 느낄 수 없게 만들었다. 이 날의 마지막에, 해는 만주의 어지러이 솟은 산중으로 저물어갔고 일본해 가운데 만풍이 서늘하게 불어와서 상쾌하였다.

8월 11일

■ 일본해 가운데의 기이한 만남에 놀라다

8월 11일 쾌청, 아침 82도(구마모토 80도). 종일 파도가 평온해서 갑판 위에 있는 선객 각자의 오락을 보는 것도 즐거웠다.

배안에서의 무료함을 달래기 위해 선실에 준비된 일본 신문을 보는데 '옥석동가(玉石同架)'난을 보니 가토 씨가 저술한 『증보 목불화상론(增補木佛畵像論)』에 대한 비평이 있었다. 그리고 필자의 졸저 『일본제국 정치지리(日本帝國 政治地理)』에 대한 비평도 같이 한 난에 실려 있었다. 여기서 그 기이한 만남에 놀라 바로 가토 씨에게 보여주니 씨도 그 기이한 만남에 크게 놀라워했다.

또한 말하기를 "이 난에 있는 『교학사론(敎學史論)』의 저자, 오구르스 고헤이(小栗栖香平)[15])도 실은 나의 친동생"이라고 한다. 여기서 더욱 그 기이한 만남에 놀라고, 천리 이역에서 가토 씨와 해후한 것이 진짜 기이한 만남이며 그와 함께 동선한 것도 기이함의 연속이다. 그리고 동선 중에 같은 칼럼에 있는 양 저서의 비평을 읽은 것도 나아가 기이함이다. 가토사의 친동생의 저서도 역시 같은 칼럼에 있다는 것은 더욱 기이한 것이라고 말하지 않을 수 없다. 가토 씨는 그의 저서가 짐 속에 있으므로 원산진에 도착하여 상륙한 뒤에 수십 부를 증여하겠다는 약속을 하였다.

---

15) 1885년 宮內省 華族局 4等屬, 다음해 遞信省 3等屬이 되었다. 實用英學院을 창립하고, 1902년 아동신문사를 창립하여 『兒童世界』를 간행하였다.

4부
원산여행과 귀항

▣ 원산진에 입항하다

담소하면서 지나는 사이에 배는 벌써 영흥만 내에 진입하여 원산이 멀지 않았다. 돛을 대신하여 예의 돗자리를 폈다. 조선의 배(韓船)가 빈번히 왕래하고 있었고, 여도(麗島)와 달도(達島) 사이에는 앞서 침몰한 러시아 함이 이미 그 돛대 머리만을 남기고 있어, 이곳의 수로가 위험하다는 것을 유념케 하는 기념물로 남아있는 것을 본다.

오후 2시 원산항 내에 닻을 던지자 항내에는 북청(北靑) 지방으로 항해하는 조선 기선 원산호가 정박하고 있었다. 이 기선은 일본으로부터 구입하였고, 선장을 비롯한 기관수, 운전수 모두 일본인을 고용하여 정기 항해를 하는 배다. 조선이 기선을 소유하여 그 연안을 항해하기에 이른 것은 조선의 일대 진보라고 말하지 않을 수 없다.

▣ 원산에서 각자 앞으로 나아갈 길의 목적을 정하다

나는 가토와 고모리 양씨와 같이 오자와 사무장의 호의에 따라 도쿄마루의 작은 배에 승선하여 바로 상륙하여 먼저 제102은행 지점으로 들어갔다. 우리들의 동행자가 될 쓰다노 씨를 방문하니 씨는 난간에 기대서 도쿄마루가 입항하는 것을 바라보고 있었다. 서로

원산부청

무사를 축하하고 세 사람이 앉아서 앞으로 나아갈 행로와 서로 목적하는 바에 대한 이야기를 나누었다.

원산우체국

고모리 씨는 본항에서 말을 타고 육로를 거쳐 바로 경성에 가기로 결정하였고, 노즈(野津) 씨는 발이 아파서 도쿄마루를 타고 일단 부산에 돌아간 뒤 다시 비코마루로 인천에 가서 경성에 들어갈 것이라고 결정했다. 나는 9월 1일부터 시작되는 고등중학 입학시험 시기에 늦지 않기 위해서 도쿄마루로 부산에 가서 부산에서 겐카이마루(玄海丸)를 타고 바로 귀국하기로 결정하였다(8월 29일이 아니면 인천발 귀국편이 없다. 그렇다면 9월 5일경이 아니면 귀착할 수 없기 때문이다).

▣ 영사관에서의 담화 및 기후

저녁 식사 후 영사관에 가서 나카가와 부영사 및 나카무라 씨를 면회하고 조선의 사정에 대해서 서로 그 소견을 말하였다. 당항의 우선회사 지점장인 무라이(村井) 씨도 역시 방문하였다. 씨는 자신의 실제 경험에서 조선인 물건 운반자의 체력 및 노동력이 일본인보다 크게 우수하다는 점을 말해 주었다. 기타 여러 가지 담화로 시간이 가는 줄 모르고 오후 10시 영사관을 나와 은행에 돌아와서 쉬었다.

당 은행은 쓰시마 이즈하라(嚴原)의 지점으로 쓰시마 출신인 쓰카모토(塚本俊), 오카베(岡部武壽) 양씨가 이를 주재한다. 양씨는 우리들을 대우하는 것에 있어 매우 친절하고 빈틈이 없이 마음을 써주었다. 때문에 우리는 따로 여관을 찾지 않게 되었다.

당항은 쓰다노 씨가 체재하던 중, 즉 이번 달 5일 이래 거의 매일 비가 내려 오늘 아침에야 점점 맑아지기 시작했다고 한다. 이 우천 사이에 기온은 항상 76, 7도 사이를 오르내렸다. 냉기를 느꼈기 때문에 감기 기운도 있었지만, 오늘은 맑아서 오후 3시에는 88도(구마모토 89도)로 상승했다.

 **8월 12일**

■ 가토사의 연설회 및 고모리(小森)씨의 출발

8월 12일 맑음. 가토 씨가 그의 저서 『목불화상론(木佛畵像論)』을 보내왔다. 이전의 약속을 이행한 것이다. 그는 닛칸샤(日韓舍)에 투숙하고 다음 14일부터 3일간, 당항 재류자에게 불교에 관한 연설을 한다고 한다. 시중 곳곳에 "대일본 10, 8 고승 중 연설의 대가 가토 에쇼(加藤惠證) 선생" 등등의 대문자로 쓴 광고가 있는 것을 보았다. 당일의 성대함을 알 수 있을 것 같다.

가토 씨를 방문하였다. 씨의 당항에 관한 법요(法要)는 대략 5일간 진행될 예정이었다. 그런데 다음의 배 편인 사쓰마마루를 기다리면 2주일 후가 아니면 당지로 갈 수 없다. 그 사이 무료하게 소일하는 것보다는 법요를 마치자마자 경성으로 가는 것이 좋다고 말했다.

고모리 씨는 통역인과 말, 식료 등 모두 육지 여행에 필요한 준비 일체를 정돈하고 오후 2시에 출발하였다. 내가 가지고 있는 권총(短銃)을 씨의 내지 여행을 위한 호신용으로 빌려주었다. 또 가토 씨에게는 내지에서 숙면에 필요한 공기 베개를 빌려주었다. 고모리 씨는 고별 뒤에 말을 타고 출발하였다. 가토 씨도 역시 숙소로 돌아갔다.

■ 원산 마을에서 놀다

나는 아직 조선인의 소굴인 원산의 마을을 보지 못하였으므로 통역인을 데리고 바로 원산을 향해 출발하였다. 먼저 원산항 감리아문에 이르러 주사 신가모(申街摸) 씨를 면회하고 이곳에서 구한 함경도 길주산 석기(石器) 여러 그릇에 휘호를 써줄 것을 부탁하였다. 씨는 이 나라에서 글을 잘 쓰는 뛰어난 사람이었기 때문이다. 신 씨가 이것을 기쁘게 허락하였다.

대화를 나눈 뒤 아문을 나와서 나가니 도중에 개천이 하나 있었는데, 다리가 끊어져 있어 조선인의 등에 엎혀 여기를 건넜다. 도중에 블라디보스토크 항에서 함께 탄 시노하라 아무개(篠原某) 씨와 만났다. 아무개 씨도 역시 원산을 유람하려는 사람이었으므로 함께 동행해서 원산에 이르렀다.

원산 마을은 호수(戶數)가 2천이라고 했다. 누추한 집이 줄지어 있었다.

그 불결하고 협소한 것은 초량 부산보다 더했다. 신라송(新羅松, 잣나무) 열매를 구하기 위해 여기저기를 수색해서 드디어 시 전체를 관통하여 그 끝까지 이르렀다. 하나같이 거의 모두 누추한 집들만 있었고, 비교적 부잣집이라고 생각되는 것들은 거의 없었다.

이 부락은 함경도에서도 굴지의 도회지라고는 하지만 물품을 파는 가게는 자못 드물었다. 가끔 이것이 있어도 애들 장난감 가게보다도 형편없었다. 일반적으로 말하는 "너구리의 가게"다. 큰 가게라 해도 5엔에 상당하는 상품을 진열하는 가게는 아마도 없을 것이다.

저 마른 강아지들이 무리지어 일어나 사람을 향해 짖고, 길가에 분뇨가 산처럼 쌓인 모습이 매우 불쾌하게 만든다.

■ 조선의 창가(娼家)에 가보다

시노하라 아무개 씨는 매우 경쾌한 사람이다. 농담으로 창부(娼婦)의 집을 보러가지 않겠느냐고 나에게 강요하기를 그치지 않았다. 마지못해 가서 보니 거기에는 대략 4조 정도의 방이 두 개 있었다. 하나에는 식탁이 있고 식탁 위에는 식기가 여러 종류 나열되어 있었다. 조선인 여러 명이 식탁을 둘러싸고 앉아서 음식을 먹는 것을 볼 수 있었다. 그리고 창부가 한 명 있었다. 뜻밖의 외국인이 오는 것을 알고는 재빨리 모습을 숨기는 자도 있었다.

돌아가는 길은, 마을길 가로(街路)의 불결함을 견딜 수가 없어서 이를 피해 교외로 나가 산록으로 걸어갔다. 소나무 바람이 불결함을 씻어버린다. 푸른 풀길이 깔려서 소생의 마음을 들게 한다. 천연의 아름다움은 실로 우리들에게 부담을 지우지 않는다.

■ 조선 부인이 물을 긷는 모습

길가의 산록에 우물이 있었다. 마을 전체를 먹이는 실로 중요한 물이다. 조선의 여인네 등이 모여서 교대로 와서 물을 길어갔다. 이들은 우리들을 바라보고는 바로 놀라서 큰소

물 긷기

리를 지르며 달아났다. 이에 대해 통역인을 통해 우리들에게 다른 의도가 없음을 말하였다.

우리들은 일부러 숲속으로 피해 들어가 보지 않는 척하며 저들이 하는 행동을 바라보았다. 표주박으로 만든 두레박을 우물에 던져서 물을 퍼 올리는데, 두레박이 가벼워서 물을 담는 것이 어려웠다. 그 우활(迂濶)함을 알 수 있었다. 바가지 두레박으로 푼 물을 대개 5, 6되를 넣을 수 있는 조잡한 항아리에 가득하게 담았다. 이것을 머리에 이고 삼삼오오 가고 또 돌아간다. 그 모습이 모두 같았다.

멀리 있는 사람은 7, 8정(町, 1정은 1간(間)의 60배로 약 109미터 – 옮

긴이) 떨어진 집에까지 나른다. 이 5, 6되를 넣는 항아리의 물은 한 집
안의 명맥(命脈)을 이어준다. 맑은 물의 결핍에 대해 생각해 보게 해주
었다.

여인네들이 항아리를 머리 위에 이는 솜씨가 매우 좋았다. 등에 어린아
이를 업은 채 머리에 물이 가득한 항아리를 이고 좌우로 돌아보면서 왕래
하는 모습은 정말로 하나의 곡예와 다르지 않았다.

마을에서 여러 종류의 만품(蠻品, 조선 물건을 가리킴－옮긴이)을 샀다.
나도 조선어에 조금 익숙해져 "얼마요"라는 말을 던지며 여러 가지 물건에
대해 물어보고 오후 6시에 숙소로 돌아갔다.

■ 원산진과 고별하다

숙소에 돌아오니 은행원으로부터 고별에 앞서 한잔 하자며 쓰노(津野) 씨
와 함께 초대받았다. 연회석에는 기생 여러 명이 잔을 권했다. 모두 일본 술이
다. 이국에서 진기하게 샤미센(三味線, 일본의 세 줄 현악기－옮긴이)을 들으
니 감흥이 일어난다. 나카가와 부영사, 무라이 지점장이 찾아왔다. 다음에 오
키, 나카무라의 양씨도 역시 고별을 위해 방문하였다. 종종 유쾌한 담화 중,
시계가 10시를 지났기에 연회석을 물리고 은행원에게 이별을 고했다.

쓰노 씨와 함께 도쿄마루에 승선하였다. 시간이 오후 11시였다. 본선에
는 무라이, 가지야마, 아가리(上利), 오카베, 시마오(島雄) 등의 제씨가
전송을 위해 왔다. 가토 씨와도 재회를 기약하고 이별을 한 뒤 선실에 들
어가 잠을 잤다.

8월 13일

■ 항해 중의 진기한 이야기

8월 13일 새벽 3시 배가 움직이기 시작하였다. 여기에서 부산에 이르기까지는 대략 3백 여리로, 다시 양다리와 저민 소고기가 있는 식탁에 앉아 여러 날을 보내지 않으면 안 된다. 그래도 장거리 여행의 배안에서는 무료한 중에도 여러 가지 진기한 소문이 있다. 지금 그 한두 가지를 들어보자.

어제 밤 원산에서 본선에 탄 승객 중에 흐트러진 머리와 긴 수염을 하고 흰 천으로 왼쪽 팔을 감싼 일본인이 우리 거류지 순사에게 호위를 받고 있는 모습을 보았다. 이것에 대해 선원에게 들으니, 저 사람은 조선 내지에서 조선인과 싸우다가 마침내 저 지방 관가로부터 우리 원산 영사관에 인도되어 다시 재판을 받기 위해 부산 총영사관에 호송되는 자라고 한다.

나는 이것을 기이하여 여겨 그 시말(始末)을 들으니, 저 사람은 모 현의 장사(壯士)로 30세 된 아무개라고 한다. 매우 강개(慷慨)하고 격앙(激昂)된 기질을 가진 자로 우연히 세상일에 느끼는 바가 있어서 단신으로 만주에 들어가려고 쓰시마에서 일본 배를 타고 조선 통영에 상륙하였다. 몸은 승려로 가장하고 다행히 의술에 관련된 일을 조금 알고 있어 여러 종류의 약품을 가지고 와서 팔면서 나아가다가 의주를 지나 올해 4월 중순에 바로 만주 국경을 넘었다. 그렇게 국경 넘어 겨우 24리 되는 명천(明天)이라는 곳에 도달하였는데, 여기서 일본인 동행자 6명을 얻어 일행 7인이 막 북으로 향하려 했다고 한다.

원래 이 부근 사람들의 성질은 매우 사납다고 하는데, 토착민들은 저들 일행이 통행하는 것을 싫어하여 작은 일을 가지고 사단을 일으켜 사소한 싸움이 시작되었다가, 바로 모여든 조선인이 대략 8백 명에 이르러 일행은 마침내 여러 겹으로 포위되기에 이르렀다.

일행 중에 호신용 도검(刀劍)을 가진 자는 겨우 아무개 1명이어서 부득불 3인을 죽였으나 적은 수효로 많은 사람에 맞서지 못하였다. 그렇게 어지러운 투석 공격에 넘어져 조선인에게 사로잡히게 되었다. 몸은 사슬로 포박되고 난타 공격을 받지 않은 데가 없었으며, 작은 화살로 등을 18군데나 찔린 끝에 드디어 감리(監理)의 손에 넘겨졌다. 왼팔의 중상은 이것 때문에 생긴 것이라고 했다. 또 등에는 작은 화살 자국이 남아 있는 것을 볼 수 있었다. 머리는 투석 때문에 여러 곳에 상처가 생겼다.

감리의 손에 있기를 대략 30일, 이 사이 창상(創傷)을 치료하지 못한 것은 물론 양팔이 묶여서 양어깨가 서로 접하기에 이르렀다. 머리는 나뭇가지에 철사슬로 매달고, 다리에는 방패를 달고 그 자유를 억제당했다. 음식물도 매우 드물게 주었지만 그래도 그 덕에 아직 죽지는 않고 오늘이 있는 것이 실로 천운이었다.

이렇게 30일 동안 구류를 받은 후 원산의 우리 영사관에 호송된 것이다. 그 거리는 대략 100리로 20일 걸려 겨우 도착하였다. 호송시에는 소달구지에 태워 관인 5명이 이를 호위하였다. 이송 도중에 경호자의 부추김으로 인해 토착민의 투석이 가는 곳마다 비가 오는 듯했다. 중도에 넘어지기를 여러 차례 겨우 원산영사관에 도착하자 처음으로 생명이 소생된 기분이 생겼고, 실로 너무 좋아서 무엇에 비할 바가 없었다고 한다.

이상의 일은 과연 믿을 수 있는 것인지 모르지만, 본디 이것을 보증하기

어렵다고 하더라도 내가 들었기 때문에 눈물 한 방울이 없을 수 없었다.

■ 프랑스인 비고 씨와 말하다

다른 하나는 동선자인 프랑스인 비고(1860~1927)[1] 씨에 대한 것이다.

그가 일본에 재류한 지는 이미 11년에 이른다. 지난 해 산슈다카마쓰(讚州

高松)[2] 출신의 아무개 여자에게 장가들어 처로 삼고 그 성을 비고라고 칭

하였다고 한다.

그는 프랑스의 유명한 미술가로 일찍이 우리
육군사관학교 교사였고, 지금은 영국 및 프랑스
의 그림이 들어가는 신문 및 화보통신자(畵報通
信者)로 활동하고 있다고 한다. 노비(濃尾) 대지
진[3] 때에는 즉시 출장을 가서 현지의 참상을 그
나라에 화보로 소개하여 양국 독자의 자혜심을
크게 야기시켰다고 한다.

이번 여행은 본국 신문사의 의뢰에 응한 것으

조르주 비고

로, 근래 세계의 이목이 집중되어 있는 곳, 그것도 동양의 급소인 블라디

보스토크 항에서 실제 견문한 바의 진풍경을 그리기 위하여 2개월 전에 도

---

1) 프랑스 만화가, 삽화가, 화가이다. 메이지시대 일본에서 풍자만화로 유명하였다. 1882년 처음 일본 땅을 밟
   은 이래 17년간 활동하였다.
2) 현재의 가가와(香川) 현 다카마쓰(高松) 시.
3) 1891년 10월 28일에 기후(岐阜) 현 남서부에서 아이치(愛知) 현 북서부에 걸친 노비 지방에서 발생했다. 일
   본사상 최대의 내륙지각 내 지진이다.

항하여, 블라디보스토크 및 시베리아 내지의 실황을 스케치한 것도 적지 않다고 했다. 그 짐 속을 풀어헤쳐 보여준 풍속, 풍경이 모두 진실되고 그림의 종이 표면에 생동하는 기운이 있었다. 또 여행지인 조선의 풍경을 그린 것도 보았다. 이들 화보가 저 신문지상에 실려 애독자가 극동의 풍속을 앉아서 알게 되는 것도 그리 멀지 않은 때가 될 것이다. 서양인이 극동에 뜻을 두는 것이 이 얼마나 기민한가. 우리 동양인은 과연 어떠한지.

▣ 일본해 중의 수족(水族)

이날 아침 강원도 바다에서 여러 가지 고래가 출몰하는 것을 보았다. 돌고래 또한 무수한 무리를 이루어 수면을 뛰면서 진행하는 것을 보았다. 일본해 가운데 사는 여러 무리들(水族)은 수면을 뛰면서 자신들의 동족이 많은 것을 자랑하며 이렇게 어부를 기다리는 것 같다. 아아! 이 바다에는 누군가가 있는 것이다. 이날 정오의 기온은 87도(구마모토 91도)를 나타냈다.

8월 14일

■ 화산암의 분포 및 지진

8월 14일 새벽, 하늘을 닦은 것 같다. 기온이 84도를 나타낸다. 사람들마다 모두 하루하루 기후의 혹서(酷暑)가 더해지는 것 같다는 느낌을 말한다. 강원도 바다를 이미 지났고, 경상도의 여러 산봉우리들은 대부분이 화강암으로 산마다 뼈가 드러나 자못 기이한 모습이다. 또 해안 곳곳에 화성암(火成巖)이 분출한 것이 적지 않음을 볼 수 있다.

쓰노 씨와 말하기를 "조선은 우리들이 일찍이 들은 바로는 화산암이 적고 지진도 없다. 조선인은 지진이라는 것을 모른다. 조선의 땅은 실로 평온하여 활발하지 않은 토지의 성격을 갖는다"는 등의 이야기였지만, 지금 현지에서 보는 것은 그간 들던 것과 크게 달랐다. 화산암이 이렇게 많은 것을 보면 아마 지진도 있지 않을까라고 말할 수 있을 것 같다.

한편 원산 우편국장 요시다(吉田) 씨(개인 용무로 도쿄에 돌아가는 중이다)가 이것을 듣고 말하기를 "조선국에 지진이 없다는 것은 아마도 잘못일 것이다. 내가 올해 4월 부임한 이래 이미 두 차례의 지진을 느꼈다. 그러므로 이것에 관해 다른 재류 일본인에게 물어보니 지진은 왕왕 느끼는 바로 각별하게 진기한 것이 아니라고 한다. 또한 조선인에게 지진에 대해서 물으니 조선어로 '지동'이라고 칭하고 즉 '地動'으로 쓰며 지진의 뜻이라고 한다. 이것으로 생각해 볼 때 조선에서 지진을 느끼는 것은 분명하다"고 말한다.

내가 일찍이 들은 것이 잘못된 것인가. 나는 조선에 머물러 있던 중에 지진을 느끼지 못해서 이것을 증명할 수가 없지만, 의심이 들어 잠시 여기에 기록을 남긴다.

▣ 다시 부산에 상륙하다

아무튼 물과 하늘이 거의 비슷한 사이에 절영도가 보이니 부산도 이미 멀지 않다. 그럭저럭 오륙도를 지나서 일본 거류지의 기와집, 초량동, 부민동 등의 초가집이 점점 눈에 들어왔다. 여기서 선객이 모두 말하기를 마치 이미 일본에 돌아온 것 같은 기분이라고 한다.

오전 10시 도쿄마루는 부산항 안에 닻을 내렸다. 바로 상륙해서 다시 오이케(大池) 방에 투숙

다케히도신노

하니 이미 아는 사람들뿐이고 정말 일본에 돌아온 것만 같다. 식사하고 입욕한 후 총영사관을 방문하였으나, 무로다 총영사는 지금 입항한 제국함대 다카치호(高千穗)[4], 치요다(千代田)[5], 다카오(高雄)[6]의 3함 중 다케히

---

4) 일본 해군의 방호순양함으로 '천손이 강림한 지역'이라고 말해지고 있는 미야자키 현의 다카치호봉(高千穗峰)과 관련시켜 이름을 지은 것이다. 영국에서 1884년에 기공하여 1886년에 준공되었다. 청일전쟁에서는 황해전 등에 참가하였다. 이후 러일전쟁, 1차 세계대전에 참전하였으나 1914년 독일군의 교주만 공격에서 격침당하였다.
5) 일본 해군의 방호순양함으로 1888년 영국에서 기공하여 1891년 준공하였다. 청일전쟁, 러일전쟁, 제1차 세계대전에 참전한 뒤 중국연안 경비에 종사하였다.
6) 일본 해군이 처음 만든 순양함이다. 1886년 기공하여 1889년 준공하였다. 청일전쟁과 러일전쟁에 참전하였다.

다카치호

다카오

치요다

도신노(威仁親王)[7] 전하가 승선하신 함대에 인사하러 갔기 때문에 부재중이었다. 여기에서 나는 야마자, 세가와, 가와카미의 제씨와 말하고 돌아가기로 했다.

조선 산물을 여러 종류 사서 일본 나가사키로 향하여 귀항길에 오르려 한다. 겐카이마루의 출항 시간이 이미 다가와서 쓰노 씨 및 기타 여러 사람과 재회를 약속하며 이별을 고하고 겐카이마루에 승선하였다. 선실 안에는 나 혼자여서 매우 적막함을 느꼈다. 이번 여행에서 다행히 해외에 있는 동안 좋은 반려가 있었는데, 앞에서는 고모리 씨를 만나고 나중에는 쓰노 씨를 만났다. 그런데 지금 처음으로 혼자의 몸이 되니 새삼스러운 생각이 난다.

---

7) 1862~1913. 일본의 황족, 군인. 1891년 해군대좌로 순양함 다카오 함장에 재임 중 러시아제국의 니콜라이 황태자가 일본을 방문했을 때 천황의 대리인으로 접대역을 명받았다. 러일전쟁 개전 때에는 해군중장이었는데 그후 실전에는 참여하지 않았다.

▣ 고려의 물길(水道)을 지나가다

　오후 6시 겐카이마루는 히코마루보다도 한발 먼저 운항을 시작하였다. 다음으로 히코마루가 쓰노 씨를 태우고 출항했다. 그는 전라도의 바다를 향하고 나는 고려해협을 향한다. 그러므로 북동이 서로 나뉘었다.

　때는 해가 지고 저문 바람이 불어와서 파도가 매우 높다. 들으니 폭풍이 일어나려고 한다는 경보가 발표되었다. 또한 겐카이마루는 지나의 태고(太沽)에서 백하(白河)를 거슬러 천진에 항해할 목적으로 특별히 만든 것이라고 하니 홀수[8]가 얕아서 동요가 심한 것으로 유명한 배라고 한다. 밤이 되자 북동으로부터 불어오는 강풍 때문에 선체가 동요하는 것이 점점 심하다. 그러나 나는 뱃멀미를 느끼지 못했다. 이미 항해에 습관이 되어서 그런 것인가. 이 항로로 이미 1천 3백 80여리를 지났으니 익숙하게 되기를 바라는 것은 당연한 것이 아닐까. 밤에 후다키(二木) 사무장과 갑판 위에서 이야기를 나누었다.

 8월 15일

▣ 쓰시마(對州) 관망 및 근해

　8월 15일 새벽, 배는 이미 쓰시마 서안(西岸)을 따라 진행하였다. 쓰시마의 지세, 산의 모습이 모두 뚜렷해서 구별할 수 있었다. 쓰시마의 산은

---

8)　배의 아랫부분이 물에 잠기는 깊이.

대개 조선 쪽 방향인 북동으로 달린다. 지질은 중고기(中古期)에 속하고, 점판암, 사암 및 정암(貞岩) 같은 것 등이고 간간이 화강암 혹은 석영반암 등의 준봉이 있어서 섬의 형세가 매우 용장(勇壯)하다. 또한 육지에 가까운 바다 곳곳에는 준험하게 깎은 듯한 작은 봉우리가 산재하여 흰 돛이 아침 바람을 받아 그 사이를 누비고 가는 풍경이 아름답다고 칭할 만하다. 시모아가타도(下縣島)의 북쪽 모퉁이를 떠나면 즉 쓰시마해협이 되고 이것을 지나면 히라도(平戸)[9], 고도(五島)[10]의 사이로 우현에 고도(五島)의 군도(群島)가 아침 안개 사이에 나타났다 숨었다 한다. 우리나라의 유명한 어장으로 많은 어선이 떠서 표류하며 파도를 가르는 것을 볼 수 있다.

◼ 나가사키(長崎)에 들어가는 감회

아침 6시에 한난계는 88도로 올라갔다. 히젠(肥前)은 섬이 풍부하기로 일본 제일의 곳인데 섬이 이곳저곳에 흩어져 있어 푸른 물결이 바다 한 면에 모양을 그리면서 큰 섬과 작은 섬 사이를 지난다.

살벌한 풍경이었던 조선의 산과 러시아의 바다 사이로부터 이제 돌아오니, 이런 좋은 풍경이 맞아주어 실로 유쾌한 감이 있다. 우리나라의 풍경은 세계에 드날려 자랑하기 마땅한 곳이다! 파도가 조용하여 우리 서남의 문호인 나가사키 항 안에 닻을 내린 것은 오전 10시 30분이다.

---

9) 나가사키 현 북부 기타마쓰우라(北松浦)반도의 서해상에 있는 섬.
10) 규슈의 최서단, 나가사키 항에서 서쪽으로 100km에 위치한다.

항 안에는 마쓰시마(松島)[11], 이쓰쿠시마(嚴島)[12]의 양함 및 각국의 군함, 상선 등이 정박하고 있어 개항장에 못지않았다. 확실히 번창하고 있는 항구다.

그러나 저 러시아, 그것도 블라디보스토크 항은 어떤가. 부두에 21개 포대가 줄지어 늘어서 있고 27척의 군함을 띠우고, 육지에는 기차가 서쪽을 향하여 달리고 있고, 병영이 줄을 이어 솟아있는 곳이다. 살펴보면 무기, 병사, 전차, 군인 아닌 것이 없었던 그 군항을 떠나 지금 바로 요충에 해당하는 우리 제국 관문의 입구인 나가사키에 들어오니 관문을 경계하는 병사도 한 명 없고 만(灣)의 머리에 있는 포대는 견고하지 않은 상태에서 사람들은 무사태평을 노래하고 있다.

보릿대로 만든 모자와 목욕옷을 입고 양산을 쓰고, 바람에도 견딜 수 없을 것처럼 보이는 청년 등이 배회하는 것을 보고서는 내 감정에 얼마나 강한 무엇이 불러일으켜지던지...

이쓰쿠시마함

---

11) 청일전쟁과 러일전쟁에 활약한 일본 해군의 방호순양함이다. 1892년 4월 5일 준공하여 제1종에 편입. 1898년 3월 21일 2등 순양함에 분류되었다.
12) 청일전쟁과 러일전쟁에 활약한 일본 해군의 방호순양함이다. 1891년 9월 3일 준공하여 제1종에 편입. 1898년 3월 21일 2등 순양함에 분류되었다.

▣ 도항자 주의사항

이후 도항자 등을 위해 내가 이번의 각 여행지 및 이에 관계하는 각소의 사물에 대해 아는 바를 다음에 열거한다.

우편료(통상 서신료를 나타냄. 즉 우리 양 2문(匁)까지)

- 부산, 원산, 인천, 경성에서 일본 각지에 일본 내지와 같은 제도
- 블라디보스토크에서 일본 각지에 10가(우리 8전에 해당), 추신 일본 각지에 4가
- 일본 각지에서 블라디보스토크에 5전(단 일본 우편우표)

전신료

- 경성에서 부산에 한문 매자 11전, 구문(歐文) 매어 22전
- 부산에서 일본 각지에 1음신 40전 구문 매어 상동
- 블라디보스토크에서 일본 각지에 구문 매어 1루블 50가

운항 일정

나가사키 부산 간 162리

나가사키 원산 간 460리

나가사키 인천 간 458리

나가사키 블라디보스토크 간 793리

선편

- 도쿄마루 고베, 시모노세키를 경유하여 부산, 원산, 블라디보스토크에 매월 1회
- 사쓰마마루 고베, 시모노세키, 나가사키를 경유하여 부산, 원산, 블라디보스토크에 매월 1회
- 겐카이마루 고베, 시모노세키, 나가사키를 경유하여 부산, 인천, 지부, 천진에 매월 1회
- 히코마루 고베, 시모노세키, 나가사키, 이즈하라를 경유하여 부산, 인천, 지부, 천진에 매월 1회
- 시라카와마루 고베, 시모노세키를 경유하여 부산에 매주 1회

기타 상선회사 기선에서 매월 1회 고베, 시모노세키, 부산, 인천에 운항하는 것 및 러시아 블라디미르호가 나가사키, 블라디보스토크 간을 정기 왕복한다.

승객운임표(블라디보스토크에서 나가사키 귀항의 하등은 할인요금)

지명	상등	상등 왕복	중등	중등 왕복	하등
나가사키–시모노세키	8엔	12엔	5엔	7엔50전	2엔
나가사키– 고베	16엔	25엔	10엔	15엔	4엔
나가사키– 요코하마	25엔	43엔	16엔	26엔	6엔 반
나가사키– 상해	20엔	30엔	12엔 반	19엔	5엔
나가사키– 부산	12엔	22엔	8엔	14엔 반	3엔 반
나가사키–원산	24엔	43엔	16엔	29엔	7엔
나가사키–인천	24엔	43엔	16엔	29엔	7엔
나가사키–지부	35엔	63엔	22엔 반	40엔 반	10엔
나가사키–천진	45엔	81엔	29엔	52엔	13엔
나가사키–우장	45엔	81엔	29엔	52엔	13엔
나가사키–블라디보스토크	38엔	68엔	25엔	45엔	9엔
부산–인천	16엔	29엔	10엔	18엔	4엔 반
부산–지부	28엔	50엔 반	18엔	32엔 반	8엔
부산–상해	35엔	55엔	22엔 반	35엔 반	10엔
부산–원산	14엔	25엔	9엔	16엔	4엔
부산–블라디보스토크	28엔	50엔	18엔	32엔	8엔
인천–블라디보스토크	40엔	72엔	26엔	47엔	11엔 반
인천–지부	12엔	21엔 반	8엔	14엔 반	3엔 반
인천–상해	29엔 반	53엔	19엔	34엔 반	8엔 반
원산–인천	29엔 반	53엔	19엔	34엔 반	8엔 반
원산–지부	38엔 반	65엔	25엔	45엔	11엔
원산–상해	49엔	78엔	31엔 반	51엔	14엔
원산–블라디보스토크	14엔	25엔	9엔	16엔	4엔

■ 여관 및 숙박료

- 부산 입강정(入江町) 大池忠助, 변천정(辨天町) 津吉譽助, 변천정 松野友吉, 변천정 小島雪, 女 행정(幸町) 豊田福女
  숙박료는 1박 20전에서 35전까지(보통을 표시함, 특별한 것을 이것을 제외하고 이하 동일)

- 원산 후쿠시마야(福島屋友吉, 나가사키 지점) 津場須美女
  숙박료는 후쿠시마야는 1박 35전 내지 60전, 진장방(津場方)은 서양풍 여관으로 1일, 3엔, 1개월 60엔

- 경성 松本玄榮 原田庄助, 적원정(萩園亭) 주인 坪田又藏
  숙박료는 대략 60전 이상

- 인천 淺岡利吉 郡金三郎 福島友吉 原田金三郎
  이상은 일본풍 여관으로 숙박료는 1일 38전 이상
  大佛主人 堀久太郎 別府直三郎
  이상은 서양풍 여관으로 숙박료는 1일 2엔 이외 서양풍 여관에서는 지나인, 독일인이 영업하는 각 1점이 있다

- 블라디보스토크 후소샤(扶桑舍) 주인 川邊虎
  숙박료는 1일 80가, 기타 러시아인 여관이 2개 있다. 숙박료는 1일 1루블 80가 내지 3루블이다

▣ 내지여행의 준비물

- 조선: 내지는 여행로가 불편하여 주막은 도저히 일본인의 용도를 충족시킬 수 없다. 그러므로 그 휴대품에는 제한이 없다고 해도 어떠한 여행에도 다음 물품은 반드시 갖고 가야 한다.

  *호신기(단총 또는 도검류) *모포 1장 *간장 *가쓰오부시 *약품(해독 · 해열 · 구충약 · 콜로타인 등)

  신사 같은 여행을 하려면 이상의 여러 물품에 첨가하여

  *통조림 식품 * 비옷 *모기장 혹은 종이장(단 여름철) *제등, 초 *비누 *주류 *방한구(단 겨울철) *식기

- 시베리아: 이 내지도 역시 사람이 없는 곳이 많아서 불편이 적지 않다. 그러므로 대략 이상의 여러 물품을 휴대하는 것이 필요하다고 해도 시베리아 내지는 한서(寒暑)가 모두 심한 지역으로 특히 겨울철에는 영하 수십 도로 내려가고 극히 추운 땅이기 때문에 겨울철에 이 기간을 여행하는 자는 특히 방한구의 준비가 필요하다. 그러나 이 방한구는 온대국 사람들의 예상에 미치는 바의 물건이 아니기 때문에 그 지역에서 준비해야 한다. 즉 두꺼운 털옷, 털모자, 털장갑, 담요, 화주(火酒) 등이다. 또 여름철의 여행자는 뱀을 막을 준비, 구충제, 음료수 등의 휴대가 필요하다

내가 이번 여행 중 길가 각지에서 채집하여 가지고 돌아온 것은 학술상의 표본 및 기타 참고품이 여러 종류가 있는데 다음과 같다.

(1) 광물 및 암석표본 32종 : 조선 및 시베리아의 각지에서 채집한 물건이다

(2) 식물표본 14종: 주로 시베리아 내지 산으로 조선 산은 2, 3종에 지나지 않는다.

(3) 부산항 감리아문에서 발행한 내지여행호조 1통: 사진은 본문 중 게재한 것이다.

(4) 러시아 초 : 모스코 부(府) 산으로 소에서 짜낸 초이다. 통상 서양초보다 순백이고 단단하여 1개에 8시간 이상을 쓴다. 혹은 다른 날에 수입된 것일까?

(5) 러시아 화폐: 銅 1가, 2가, 3가

(6) 지나 화폐: 은화 3종

(7) 한전: 상평통보 1문 및 당백전

(8) 신라송의 열매: 일명 잣이라 칭하고 함경도가 가장 많이 나는 지역이라고 한다. 열매는 3종의 외피를 제거하고 비로소 먹을 수 있고 꿀에 재면 맛있다.

(9) 조선 단선(團扇, 둥근 부채): 전라도 대구 근방 제품, 여러 종류 및 함경도 제품의 석편제(蓆編製) 여러 종류

(10) 조선 선자(扇子, 부채): 경상도 범어사에서 파는 일종의 물건이다

(11) 조선 담뱃대: 내가 가지고 온 담뱃대는 2척 8촌으로 하나는 3척 3촌 5분의 길이다. 간단한 조각을 하고 흡입구는 호박, 옥 혹은 개어서 굳힌 물건이 있다. 발은 금속 또는 구운 흙이다.

(12) 조선 정부가 발행한 관보: 인쇄가 아니고 모두 필사한 것이다. 그러므로 매일 관보를 발행하기 때문에 2백 명의 필사생(寫字生)을 고용한다고 한다. 이것은 가토 씨가 얻어 나에게 나누어 준 것이다.

(13) 조선 사진: a)조선국왕 행계도 b) 영은문─이 문은 지나 가도에 있는 유명한 문이다 c) 부산진과 그 근방의 민가 d) 부산항에 있는 일본 거류지 e) 조선 가옥의 풍경

(14) 블라디보스토크 전도: 한 장이 4葉으로 이루어진 것인데 일찍이 영국함대의 사진을 우리 에기(江木) 사진사가 사진판으로 만든 것이라고 한다. 당시는 블라디보스토크 항을 사진으로 찍는 것은 금지되었다고 들었다.

(15) 조선 초등교육 교과문: 가토 씨가 얻어서 나누어 준 것이다. 가로 7촌 세로 9촌의 1장 종이에 상형문자로 조선 글, 산수 등을 기록한 것으로 이 나라에서는 이 한 장의 교과문이면 이미 초등교육을 마친 자가 된다고 한다.

(16) 러시아 전차기(磚茶器): 모스코 부(府) 제품 도기로 복숭아 색에 꽃무늬를 그린 것이다. 혹은 미술가의 설에 그 화병의 계통은 일본적이라고도 한다.

(17) 돌솥: 함경도 길주 제품으로 조선인은 물건을 삶거나 물을 끓인다. 나는 원산항 주사 신 씨에게 부탁하여 그 하나에 '猛虎一聲山月高' 다른 하나에 '夜靜海濤三萬里'라고 썼다.

(18) 돌냄비: 상동

(19) 돌상자: 상동 '方而爲器城津産物'이라고 썼다.

(20) 오카주: 블라디보스토크 제(製) 화주로 러시아인이 즐겨 음용한다.

(21) 러시아 제(製) 비누: 백색에 남빛 문양이 있는 것이다. 어쩌면 장래에 수입해야 할 물품일지 모른다.

(22) 조선 나막신: 목편을 깎아서 만든 것이다. 나막신의 굽(齒)도 만들어 붙인다. 가격이 자못 비싸다.

(23) 러시아 경사(更絲): 지질이 두텁고 퇴색하지 않은 것으로 유명하다. 어쩌면 장래에 수입해야 할 물품일지 모른다.

(24) 러시아 과자: 하나하나 종이를 가지고 포장한 과자 중에 향료를 넣어 매우 맛이 좋다.

(25) 러시아 담배: 약간 강하지만 질이 좋다고 한다.

(26) 조선 인삼: 예부터 광동 인삼이라고 칭해서 약품이 된 것이다. 인체와 비슷한 것은 그 가격이 매우 비싸다. 1개에 우리 25엔이다.

(27) 조선 식물 종자: 야채, 곡물

(28) 러시아제 구두약: 오데사 항 제품으로 질이 매우 좋다. 어쩌면 장래에 수입해야 할 물품일지 모른다.

(29) 조선 붓: 제품이 간단하지만 매우 쓸모가 있다.

(30) 조선 풍속화: 의복, 가옥, 풍속, 습관에서 가구, 농기구에 이르기까지 백여 종을 그린 것이다.

(31) 조선의 세계도: 서문으로 '세계에 대한 조선인의 관념'에 대해 다음의 설명을 붙여서 지도에 대해 해설하겠다.

■ 세계에 대한 조선인의 관념

조선인이 세상의 사물에 대해 매우 진기한 사고방식을 갖는 것은 언제나 이상하지 않은 일인데, 저들이 세계에 대해 갖는 관념 역시 그 하나일 것 같다. 다음에 게재하는 이상한 모양의 지도는 조선인이 고안하여 만든 세계지도로서, 어느 시대 누구의 손으로 제작된 것인지는 지금 알 수 없지만 아무튼 1천 년 이전의 작품이라고 하는 설이 있다는 것에 대해서는 다시 한 번 놀라지 않을 수 없다. 이 지도는 매우 불완전하지만 현재 세계지도의 위치와 조금은 닮은 데가 있는 것이라, 아마도 지금의 조선인이 세계에 대해 이런 관념을 여전히 지니고 있는 것이 아닌지 의심스럽다. 이 지도는 지금으로부터 20여 년 전, 현재의 대원군이 스스로 지휘하여 조정의 신하인 김응교(金應校)라는 사람에게 명하여 보정시켰지만, 옛 것을 고치지는 않고 다만 그 작은 부분을 수정한 데 지나지 않는 것이다.

■ 조선세계도에 대한 해설

지도에 대해 간단히 설명하자면, 아무래도 기이한 모습인 것은 틀림없지만 앞에서도 말한 바처럼 천 년 이전에 이러한 지도를 만들었다면 고대에 적어도 지리학이 조금은 발아하기 시작했다는 것을 알 수 있다. 즉 이 지도에서 아세아, 아프리카, 구라파 같은 일부분의 지형은 현재와 거의 비슷한 데가 있다.

지도 가운데 부합(符合)되는 곳을 나타내 보자. 1)은 조선으로 황해로 돌출하여 있고, 2)는 지나로 그 좌우에 있는 것은 황하와 양자강이다. 3)은 안남을 나타내며, 그것이 품고 있는 바다는 만입(灣入)이 과하게 되어 있지만 지금의 통킹만(東京灣)이다. 4)는 번호(蕃胡)로 오늘날 인도를 가리키고, 5)는 구라파와 아시아의 경계인 이해(裏海)다. 또 (ㄱ)부터 (ㄴ)에 걸쳐 있는 곳은 시베리아이다.

4)와 6)의 사이에 만입(灣入)하여 있는 것은 홍해이고 6)은 서역으로 지금의 아프리카이다. 7)은 일본인데 아마도 쓰시마만을 일본이라고 믿었던 것 같다. 8)은 규슈, 9)는 원래 이름이 광상(廣桑)이라고 하고 지금 어디에 해당하는지 알 수 없다. 혹은 류큐(琉球)가 아닌가 하는 설이 있는데 조선은 고래로 류큐를 류큐국((琉球國)이라 칭하고 있었다. 혹은 류큐가 아닐 수도 있다는 설도 있다. 10)은 시코쿠, 11)은 혼슈, 12)는 홋카이도이다. 그러나 원그림이 이것을 나타낸 것인지는 확실하지 않다. 13)은 백민(白民)이라고 하며, 지금의 영국을 가리키는데 인종의 면모로부터 이런 이름을 붙인 게 아닐까 한다.

지도의 주위를 둘러싼 육지는 남북아메리카에 해당된다. 이 지도가 1천 년 전에 만들어졌다고 한다면 아직 콜럼버스가 미주 대륙을 발견하기 전인데, 이러한 대륙이 존재하고 있다는 것을 이미 알고 있었다는 것일까. 원래 이 지도를 만든 즈음은, 물론 세계를 평편한 것으로 상상하여 남북으로 가늘고 긴 아메리카가 이것의 주위를 둥글게 둘러싸도록 한 것이라는 설도 있다. (ㄷ)과 (ㄹ)의 사이는 파나마 지경이다. 14) 15)에 있는 원형은 호수지대다. 북미의 북부는 지금도 '대호(大湖) 지방'으로 호수와 늪이 많은 것으로 아는데, 이들은 이미 그것에 대해서도 알고 있었다는 것일까.

이 지도의 원그림(原圖)에는 95개에 이르는 나라가 나열되어 있다. 그것에 대해서는 지금 여기에서 일일이 언급하는 것은 생략하더라도 가장 기이한 것은 無暇, 三首, 無暢, 大幽, 深目, 不死, 淑女, 盤木, 一目, 食米, 火山, 廣野, 羽民, 大人, 中容, 甘淵, 三身, 毛民, 君子 등과 같은 나라 이름이다. 각각 그 용모, 성질, 풍토 등에 의해 이름을 붙인 것이다.

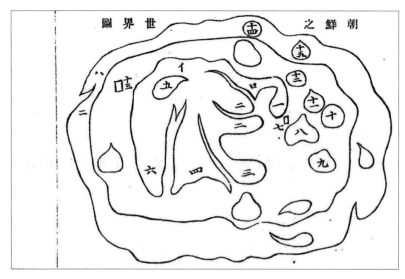

〈조선지세계도〉

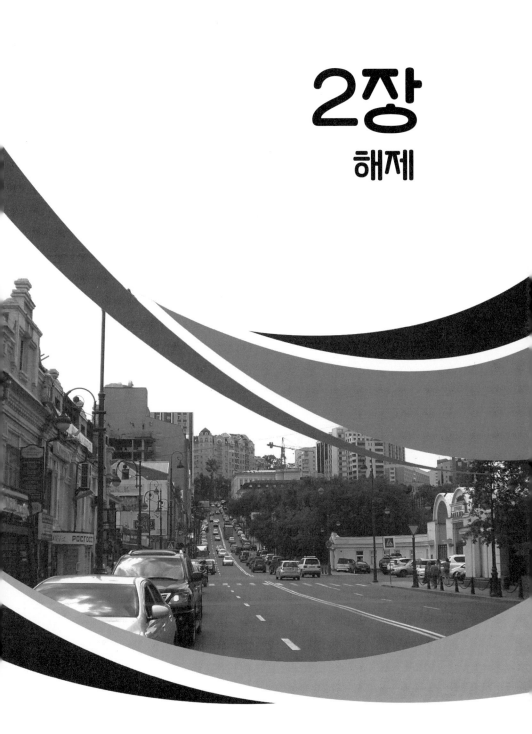

2장
해제

『朝鮮西伯利紀行』(1894)에 보이는 야즈 쇼에이(矢津昌永)의 조선 인식

최혜주*

Ⅰ. 머리말

개항을 전후하여 일본인이 조선에 대한 사정과 견문을 기록한 책은 『朝鮮事情』(1874), 『朝鮮聞見錄』(1875), 『朝鮮歸好餘錄』(1879) 등이 있다(〈표 1〉참조). 조선 견문에 관한 책은 청일전쟁을 전후한 시기가 되면 이전보다 더 많이 간행되었다. 물론 러일전쟁을 전후한 시기에도 일본인 도항자수가 늘어나면서 여행기도 많아진다. 이러한 여행기의 간행은 일본이 조선을 침략하기 위한 방편으로 조선의 역사에 관한 연구를 시작하는 것과 짝하여, 조선의 사정을 탐색하기 위한 목적도 있었다. 이 당시의 여행은 단순한 여행이라기보다는 조선에 대한 안내, 견문, 정탐의 성격을 갖는다. 어떤 사람들이 무슨 목적을 가지고 조선에 와서 견문하고 여행기를 남겼는지 검토하는 일은 중요하다. 따라서 이 글의 관심은 주로 여행지의 사정을 견문하고 조사한 『朝鮮西伯利紀行』을 분석하는 데 있다.

지금까지 개항 이후 외국인이 조선을 견문한 여행기에 관한 연구는 번역서의 간행[1]과 함께 주로 비숍, 게일을 비롯한 서양인 여행가들이 조선을 소개한 내용을 고찰해왔다.[2] 그러나 일본인들의 여행기에 관한 연구는 그리 많지 않다. 최근 박양신이 19세기말에 간행된 여행기와 조선상에 대한 대략적인 내용을 소개하고, 이규수와 윤소영이 러일전쟁 전후의 여행기를

1) 에른스트 오페르트 지음, 한우근 옮김,『조선기행』(1880), 일조각, 1974.
　　R.칼스 지음, 신복룡 역주,『조선풍물지』(1888), 집문당, 1999.
　　G.W.길모어 지음, 신복룡 역주,『서울풍물지』(1892), 집문당, 1999.
　　G.N.커즌 지음, 라종일 옮김,『100년 전의 여행, 100년 후의 교훈』(1894), 비봉출판사, 1996.
　　A.H.새비지-랜도어 지음, 신복룡·장우영 역주,『고요한 아침의 나라 조선』(1895), 집문당, 1999.
　　이사벨라 비숍 지음, 신복룡 역주,『조선과 그 이웃나라들』(1897), 살림, 2000.
　　제임스 게일 지음, 장문평 옮김,『코리언 스케치』(1898), 현암사, 1971.
　　N.G.가린 지음, 김학수 옮김,『조선, 1898년』, 단대출판부, 1981.
　　H.B.헐버트 지음, 신복룡 역주,『대한제국 멸망사』(1906), 평민사, 1973.
　　W.E.그리피스 지음, 신복룡 옮김,『은자의 나라 한국』(1907), 평민사, 1985.
　　F.A.맥킨지 지음, 신복룡 역주,『대한제국의 비극』(1908), 탐구당, 1974.
　　릴리어스 호톤 언더우드 지음, 김철 옮김,『언더우드 부인의 조선생활』(1908), 뿌리깊은 나무, 1984.
　　H.N.알렌 지음, 신복룡 역주,『조선견문기』(1908), 박영사, 1979.
　　H.N 알렌 지음, 윤후남 옮김,『알렌의 조선 체류기』(1908), 예영 커뮤니케이션, 1996.
　　Ernst von Hesse-Wartegg 지음, 오영옥 옮김,『양반들의 지상 천국 코리아』,『대화』, 1977.
　　J.S.게일 지음, 신복룡 외 옮김,『전환기의 조선』(1909), 평민사, 1986.
　　E.Wagner 지음, 신복룡 역주,『한국의 아동생활』(1911), 집문당, 1999.
　　L.H.언더우드 지음, 신복룡·최수근 역주,『상투의 나라』, 집문당, 1999.
　　Carlo Rossetti 지음, 서울학연구소 옮김,.『꼬레아 꼬레아니』, 숲과 나무, 1996.
2) 이광린,「비숍여사의 여행기」,『진단학보』71·72, 1991: 왕한석,「개항기 서양인이 본 한국문화-비숍의『한국과 그 이웃나라들』을 중심으로」,『비교문화연구』4, 서울대 비교문화연구소, 1998: 정연태,「19세기 후반 20세기 초 서양인의 한국관」,『역사와 현실』34, 한국역사연구회, 1999: 박지향,「고요한 아침의 나라'와 '떠오르는 태양의 나라'」,『안과밖』10, 2001.4.

정리했다.[3) 그리고 최혜주가 1894년에 간행된 혼마 규스케(本間久介)의 『朝鮮雜記』를 번역하면서 일본인의 정탐록에 대해 검토했다.[4) 아직 일본인의 여행기를 종류별·시기별로 나누어 구체적으로 분석하거나 그 경향성을 밝힌 연구는 이루어지지 않았다. 특히 청일전쟁 전후의 여행기에 관한 연구는 거의 없다. 그러므로 이 글에서는 청일전쟁 직전에 간행된 『朝鮮西伯利紀行』을 검토하려고 한다.

『朝鮮西伯利紀行』은 지리학 교수 야즈 쇼에이(矢津昌永, 1863~ 1922)가 1893년 7월 24일부터 약 20일간 개항장 부산과 원산, 블라디보스토크를 중심으로 견문한 내용을 이듬해 간행한 것이다. 이 책은 같은 해 나온 혼마 규스케의 『朝鮮雜記』와 함께 일본인들이 가장 많이 읽은 조선 견문기였다고 한다. 따라서 이 글에서는 야즈가 일본 규슈의 구마모토(熊本)를 출발하여 배편으로 부산, 원산을 거쳐 블라디보스토크에 도착하는 여정을 고찰한다. 야즈가 이 지역을 여행하면서 목격한 조선과 블라디보스토크에 사는 사람들의 생활을 어떠한 시선으로 바라보았는지 살펴보려고 한다. 야즈의 여행기는 혼마가 주로 육로를 다니면서 기록을 남긴 것과 달리, 말을 타고 내지를 다니거나 해로를 이용한 것이 특징이다.

먼저 야즈 쇼에이의 여행 일정을 검토하고 그가 왜 조선과 시베리아 여행을 가게 되었는지 알아본다. 다음에는 타자의 시선으로 바라본 19세기 말 조선의 모습을 풍속, 의식주, 생활상 등을 중심으로 검토한다. 마지막으로 야즈의 조선 인식의 특징이 무엇인지를 살펴본다. 이러한 분석을 통

---

3) 박양신, 「19세기말 일본인의 조선여행기에 나타난 조선상」, 『역사학보』177, 2003: 이규수, 「일본의 국수주의자 시가 시게타카(志賀重昻)의 한국인식」, 『민족문화연구』45, 2006: 윤소영, 「러일전쟁 전후 일본인의 조선여행기록물에 보이는 조선 인식」, 『한국민족운동사연구』45, 2007.

4) 「일본은 19세기 조선을 어떻게 인식했을까」, 『조선잡기-일본인의 조선정탐록』, 김영사, 2008.

해 자신이 목격한 객관적인 정보를 차별적인 시선으로 바라본 한 일본 지식인의 조선·조선인 인식에 대하여 정리해보려고 한다.

II. 야즈 쇼에이의 여행 일정과 제국의식

야즈 쇼에이는 1863년 3월 13일 히코(肥後) 구마모토 시 센단바다마치(千反畑町)에서 태어났다. 8세에 구마모토의 번사(藩士)인 우치다(內田澱江)의 사숙에서 한학을 배우고, 안양원 공립사숙에 입문하여 한학, 산술, 습자를 배웠다. 1877년에 일어난 서남전쟁으로 구마모토는 전쟁터로 변해버리고 교육시설들도 타격을 입었다. 야즈는 이때 안양원이 불타버려 쿠사바(草葉) 학교와 치구사(千草) 학교에서 배우고 1879년에 구마모토 사범학교에 입학했다.

야즈는 사범학교 졸업 후에는 시게미(重味) 소학교에서 2등 훈도로 첫 교편을 잡았다. 이후 야마나시(山梨) 현의 이치로(一櫻) 소학교, 도쿄의 도키와(常盤) 소학교, 후쿠이(福井) 현의 사범학교, 중학교 교유를 지냈다. 1889년 제5고등중학교(현재의 구마모토대학) 조교수로 재직하면서 첫 저술인 『日本地文學』을 간행했다. 이 학교에 재직하면서 1893년 조선·시베리아 여행에 나서게 되고 이듬해 『朝鮮西伯利紀行』을 간행했다. 그는 〈표2〉와 같이 매년 두 세권씩의 지리, 지도 및 지학 관련 책을 간행할 정도로 활발한 저술활동과 교육활동을 했다. 1900년에는 고등사범학교 지리과 교수, 1904년에는 육군교수와 동경 고등사범학교(현재의 와세다 대학)의 교수를 겸했다. 이 해에 『한국지리』를 간행했다. 그는 중등학교 학생을 위한 교과서 및 참고서를 저술하여 지리교육계의 중진이 되었다.

그러나 미나모토 쇼큐(源昌久)의 논문에서 밝히고 있는 것처럼 일본 지리학계의 야즈에 대한 평가는 냉혹했던 것으로 알려져 있다. 왜냐하면 야즈가 대학을 졸업하지 않았다는 이유로 제국대학 출신을 중심으로 형성된 지리학계에서 그의 업적이 묵살당해 왔다고 한다. 그런 이유로 지금까지 그에 대한 연구는 미나모토가 소개한 서지학적인 기초연구가 있을 뿐이다.[5] 앞으로는 메이지시대의 지리학사상에서 그의 위치가 어떠한지를 밝히는 연구가 필요하다.

야즈는 제5고등중학교 조교수로 재직하면서 여름방학을 이용하여 조선과 시베리아를 여행했다. 1893년 7월 24일 5시 40분 기차로 구마모토를 떠나면서 밝힌 이번 여행의 목적은 평소 외국 여행에 관심을 가지고 있었는데 방학을 이용하여 동양 각국의 실정을 살피기 위해서였다.[6] 그러나 여행기 속에 나타난 글을 주의 깊게 살펴보면 여행 목적의 하나는 '진구(神功)황후'의 유적이나 임진왜란의 전승 유적지를 따라가면서 '제국'일본의 국력을 회상하기 위한 것으로 보인다. 야즈는 근대 일본인의 조선멸시관이나 침략사상의 출발점[7]이 되는 이 두 사적을 통해 자신의 조선 인식 형성에 깊은 영향을 받아 왔기 때문이다. 다른 하나는 우승열패의 현실에서 세계의 최강국 러시아와 '최소 빈약국 조선'이 경계를 맞대고 있는 '기이한 현상'에 관심을 가졌기 때문이다.

---

5) 야즈 쇼에이의 연보와 저술목록에 대해서는 源昌久,「矢津昌永の地理學−書誌學的 調査 1」,『淑德大學硏究紀要』13호, 1978.
6) 「余が今回の遊意」, 2쪽.
7) 琴秉洞 지음, 최혜주 옮김, 1장 간혈적인 침략의 꿈, 『일본인의 조선관』, 논형, 2008.

만약 우승열패를 도저히 면할 수 없는 이치라고 한다면 세계의 최대국 그것도 세계의 강국과 세계의 소국이며 세계의 빈약국과 경계를 서로 밀접하게 하고 있는 현상은 어떠한가. 이 기이한 현상은 국제간의 우승열패의 가장 현저한 좋은 표본이 아니겠는가. 이 좋은 표본은 지금 가까이 일본해를 건너 저쪽에 있고 사람이 만약 이것을 직접 보려고 한다면 도문강반의 러시아와 조선의 국경을 접하는 곳에서 볼 수 있다.[8]

그는 당시 조선의 상황에 대해서 "한성의 궁 안이 아직 어리석은 꿈에서 깨어나지 못하고 있으며 외척의 발호, 재정의 궁핍은 이미 그 한계점에 도달해 위태로운 상황"이라고 진단했다. 만일 이런 상태의 조선반도를 '사나운 독수리' 러시아에 맡겨버린다면 동양의 대세는 무엇으로 회복할 것이냐고 묻는다. 일본의 위협이 되는 러시아를 방어하기 위한 조선반도의 지정학적인 중요성을 강조한다. 이러한 인식을 갖고 조선과 시베리아의 곳곳을 자신의 눈으로 확인하고픈 생각에서 여행을 감행했던 것으로 보인다.

이하에서는 야즈가 무엇에 중점을 두고 관찰했는지 살펴보기 위해 여행 일정을 크게 다음과 같이 나누어 검토한다. 1) 부산과 그 주변 여행(7월 24일~8월 4일), 2) 원산 여행(8월 5일~7일), 3) 블라디보스토크 여행(8월 8일~10일), 4) 원산 여행과 귀항(8월 11일~15일)

1. 부산과 그 주변 여행

7월 24일 구마모토를 출발해서 부산에 도착하고 주변을 시찰하는 과정

---

8) 「露韓國際間の現象」, 1쪽.

을 살펴보자.

첫날에는 우에키(植木) 역-다바루자카(田原坂), 나나모토(七本) 촌-고노하(木葉) 역-다카세(高瀬) 역-야베가와(矢部川) 역-오무타(大牟田) 역-도스(鳥栖) 역-하카다(博多) 역에 도착했다. 특히 야즈는 다바루자카는 서남전쟁의 최대 격전지이고 고노하 역은 전사자를 제사지내는 레이쵸(靈場)가 있는 곳이어서 '충혼(忠魂)'을 생각하면서 지났다.[9] 서남전쟁터는 정한론의 상징적 존재인 사이고 다카모리(西鄕隆盛)가 정부에 반란을 일으켜 패배한 곳이다. 야즈는 그런 사이고를 회상하면서 참배했다. 실제로 다바루자카의 나나모토에는 사쓰마군(薩摩軍)과 구마모토 병사 329명이 매장되어 있다고 한다.[10] 이 지역들은 러일전쟁 시에도 사기 고양을 위해 일본인들이 많이 참배한 곳이다. 야즈는 후쿠오카(福岡) 현청에서 여권 수속을 하고 1박을 했다. 부산행 기선은 다음날 오후 4시 모지(門司) 역에서 사라카와마루(白川丸)가 출항할 예정이었다. 이날 하카다 역을 출발하기 전에 가시이궁(香椎宮)에 참배하기 위해 가시이(香椎) 역에 내렸다. 이곳은 진구황후를 제사지내는 신사로 일본인들에게는 특별한 장소였다. 그는 가시이 역 주변의 유적에서 정한(征韓)의 고적을 확인하고 자부심을 가졌다.[11] 지금까지 그 지역에 내려오는 전설은 진구황후가 '삼한정벌'에서 돌아온 후 3종의 보물을 묻고 '영원히 본조(本朝)를 진호(鎭護)해 달라'고 기원하고 삼나무를 심었는데 그 나무가 아야스기(綾杉)가 되었고, 신목(神木)으로 숭배하고 있다고 한다.

---

9) 「九州鐵道途上の囑目」, 3쪽.
10) 구마모토현 우에키마치(植木町) 役場의 조사.
11) 「征韓及熊襲の遺跡」, 7쪽.

도요토미 히데요시가 정한할 때 綾杉의 잎새에 守札을 첨부하여 바쳐서 異國 정
벌의 首途로 삼고, 길을 떠나는 제 장수에게 나누어 주었다고 한다. 이러한 威靈
의 삼나무라면 나도 도한하는 길에 신관에게 부탁하여 가지 하나를 모자사이에 끼
워 넣었다. [12]

야즈는 도요토미 히데요시가 조선 정벌을 떠나면서 이곳에서 참배한 것
은 진구황후의 '삼한정벌'을 기리기 위한 것이었다고 말한다. 그가 조선으
로 떠나기 전에 정한론의 상징적 장소인 이곳에 참배한 것은 도요토미와
같이 진구황후의 공적을 기리는 심정에서였다.

다음 7월 26일 부산에 도착하여 총영사 무로다 요시아야(室田義文) 씨를
방문하고 들은 주의사항은 다음과 같다. [13] ① 무더위에 조선 내지를 여행
하는 것은 매우 곤란하다. 경성까지 17~8일이 걸릴 것이고 도로는 인도가
아니라 수도(水道)다. ② 비가 와서 4~5일 체류하는 경우도 드물지 않다.
주막은 냄새가 심하고 밤에는 빈대, 모기, 이, 벼룩 때문에 잘 수가 없다.
③ 음식물과 침구, 한전(韓錢)을 싣기 위해서 말 두 필과 통역 1명이 필요
하다. 야즈는 이 설명을 듣고 처음 예정했던 육로로 부산→경성→원산을
경유하고 해로를 통해 블라디보스토크에 가려던 일정을 변경했다. 즉 해
로를 이용하여 부산→원산→블라디보스토크에 갔다. [14]

야즈는 부산 거류지의 소학교, 우편전신국, 병원, 은행, 우선회사지점
(郵船會社支店), 총대역소(總代役所), 상업회의소, 공원 등지를 시찰했

---

12) 「香椎の宮及び其靈樹」, 6쪽.
13) 「內地旅行に就き領事の談話」, 10쪽.
14) 「釜山港に上陸す」, 9쪽.

다. 이 거류지의 광경을 보고 "완연한 일 소식민지로 몸이 해외에 있다는 것을 알 수 없을 정도"라고 생각했다.[15] 다음날은 초량동과 부산포를 견문하고, 부산에 있는 임진왜란의 전적지를 답사했다. 일본장수 고니시 유키나가(小西行長)가 첨절제사 정발(鄭撥, 1553~92)을 사로잡아 함락시킨 곳[16]과 용두산의 가토 기요마사(加藤淸正) 사묘(祠廟)를 보고 남다른 감회에 젖기도 했다. 28일은 가토가 맹호를 사냥했다고 전해지는 구덕현(九德峴)을 답사하고, 부산의 일본인 소학교를 시찰했다.

> 조선인으로 하여금 우리를 따르게 하려면 먼저 교육으로 유도하도록 해야 한다. 한인의 자제가 우리 학교에 입학하는 것을 허락해야 한다. 현재 입학해서 일본어를 배우는 자가 이미 20명에 달한다. 이들에게 먼저 보통과를 배우게 하고 나아가 의술을 닦게 하려고 한다.[17]

거류지에는 본원사(本願寺) 승려들에 의해서 일본인 소학교가 설립되었다. 거류민 자제를 교육시키기 위한 목적에서였지만, 이것을 통해 조선에 식민교육이 침투되는 기초가 만들어졌다. 지리학 교수였던 야즈도 이점에 관심을 보였다.

7월 30일에는 조선 내지의 첫 여행지인 울산을 여행했다. 이때 그가 휴대품으로 기록한 물건을 보면, ① 한전 4관문, ② 간장 1통, ③ 술 1병, ④ 음료수 1통, ⑤ 장아찌 1 봉지 등을 준비했다. 거류지를 출발하여 초량을 지나 고니시 유키나가의 성지인 부산성을 찾았다. 다음날 금산을 출발하

---

15) 「釜山居留地の光景」, 11-12쪽.
16) 「韓人の室內耕作及其村落」, 20쪽.
17) 「釜山に於ける日本小學校」, 20-22쪽.

고 지경(止敬) 마을에 도착하여 주막에서 쉬다가 기장역(機張驛)에 도착했다.[18] 동양(東陽) 마을에서 장날 시장이 열린 광경을 목격했다. 그 모습이 마치 "흰옷을 입은 대군이 주둔한 것 같은, 혹은 백로의 무리와 같은"인상을 받고, 시끄러운 시장의 모습과 교환한 물품을 머리에 이고 돌아가는 부인의 모습을 기록했다.[19]

기장을 지나면서 임진왜란 때 가토가 원군을 보낸 지역을 보고, 그 당시를 회상했다.[20] 울산성지(城趾)에 올라 구마모토성지의 장엄함과 비교하여, 구마모토성을 쌓을 때 울산의 토공(土工)을 데리고 간 사실을 지적하고,[21] 이 울산성지를 보는 것이 이번 여행의 주된 목적이라고 말한다. 그러므로 이 여행기에는 울산왜성에 대한 내용이 자세하다. 울산왜성은 1597년 12월 임진왜란 때 조선·명(明)연합군에 의해 퇴로가 막힌 가토가 직접 설계했다. 당시 가토는 울주의 서생포 왜성에 있다가 이 성에 방어의 거점을 만들었다. 그는 정유재란 당시 울산왜성에서 두 차례의 전쟁을 막아냈다고 한다. 야즈는 가토가 명나라 장수 33명과 조선 장수 7명의 포위를 받고 양식이 떨어지자 종이를 씹으며 말을 찔러 피를 마신 곳이라고 울산농성 당시를 회상했다. 이렇게 치열하게 싸운 전적지를 답사한 여행기는 일본인들에게 우월감에 가득 찬 제국의식을 고취시켜주는 좋은 자료가 된다고 할 수 있다.

울산성지에서 내려온 야즈는 서성연문(西城 椽門)에 투숙했다. 이곳은 기와집이고 마을의 구락부와 같은 공공장소로 유지들이 모여 있었다. 그

---

18) 「機張途上の所見」, 34–36쪽.
19) 「半日太古有巢の民を學ぶ」, 36쪽.
20) 「蔚山路の峻及其地質」, 37쪽.
21) 「蔚山城趾に登る」, 38–40쪽.

는 여기서 하룻밤을 지내면서 자신은 모기와 이, 벼룩 때문에 잠을 이루지 못하는 데도 관리나 유지들은 돌이나 나무 베개를 베고 잘 자는 모습에 "실로 태평하고, 또 가련한 관리이며, 가련한 유지"라고 그 태평함에 놀랐다.[22] 다음날인 8월 1일에 울산부의 기상 나팔소리에 '오랜만에 듣는 미개 시대의 소리'라는 반응을 보이고 길을 떠났다. 울산시장을 구경하고 기장을 지나 밤에 동래부에 도착했으나 문이 닫혀서 호현(虎峴)을 넘어 여숙에 묵었다.

8월 2일에는 초량 마을의 조선인 학교를 보고 아동들이 『소학』을 습자하고 암송하는 모습을 주의 깊게 살펴보았다. 다음날 부산에 있는 마쓰무라(松村昇一) 우편전신국장, 다케미쓰(武光群藏) 소학교장, 우치다(內田) 훈도 등을 방문하여 교육에 관한 사항을 조사했다. 다음 4일에 원산행 도쿄마루(東京丸)를 탔다.

2. 원산 여행

8월 5일 원산진에 입항하여 영사관을 방문하고 거류지의 교육상황을 시찰했다. 본원사 승려가 세운 공립 소학교와 거류지의 우선회사, 우편국, 경찰서, 은행지점, 공원, 신사 등을 둘러보았다.[23] 이 지역도 임진왜란 시 나베시마 나오시게(鍋島直茂)와 사가라 요리후사(相良賴房)가 지킨 지역이다.[24] 원산진의 모습은 일본 나라조(奈良朝, 710~84)의 모습과 같아

---

22) 「西城椽門に宿す」, 41-42쪽.
23) 「元山居留地の教育」, 56쪽, 「元山居留地の風致」, 57쪽.
24) 「歷史上に於ける咸鏡道」, 58-59쪽.

재미있다고 소감을 말한다.[25] 여기에는 조선이 같은 시기의 일본에 비해 1,000년 가까이 뒤떨어진 후진적인 약소국이라는 의식이 깔려있다. 이러한 인식은 다른 지식인들도 공유했던 왜곡된 대한관(對韓觀)이다. 즉 야마지 아이잔(山路愛山)은 1904년 조선을 여행하고 쓴『韓山紀行』에서 야즈와 똑같은 말을 남겼다.[26]

한편 조선 경영에 대한 야즈의 관심은 이번 여행에 동행하고 원산항에서 무역상으로 오랜 경험을 갖고 있는 가지야마(梶山新介)와 8월 6일 회담을 나눈 데서 엿볼 수 있다. 그는 가지야마가 일본의 국익을 얻기 위해 조선이 얼마나 좋은 시장인가를 설명할 때 수긍했다.

일본인은 조선 무역에 가장 적당하다. 우리 국민의 성질로 구미로 향하는 것보다는 먼저 오히려 조선 무역에 종사하고 무역의 흥정을 알아야 한다. 특히 향토에 연연하는 우리나라 사람이라도 이곳에 도래하면 각별히 어렵지 않다. 또 조선에 의해 우리 국익을 얻는 것은 실로 많고, 현재 주재하는 우리 국민도 항상 일만 명을 내려가지 않는다. 자본금은 5백만 내지 8백만 엔으로 여기에 대한 수익이 적지 않다. 또 일본 어민이 조선 연해의 어획에 종사하는 자가 1만 명으로 그 漁額이 대개 150만 엔이다. 이것저것 합하면 조선이 우리나라에 이익을 주는 것이 적지 않은 것을 알 수 있다. 외교상 어찌 이것을 도외시 하겠는가 운운.[27]

---

25) 「元山街頭の所見」, 61쪽.
26) 「韓山紀行」, 1904.5.5.「ナショナリズム」, 筑摩書房.
　　"내 눈에 비친 한인은 실로 우리 나라조(奈良朝) 시대의 부활이다. 다만 한인의 생활은 나라조 생활에 비해 정신이 없고, 나라조 생활은 정신이 있는 한인 생활임을 느낄 뿐이다. 한인 노동자는 신간(身幹)과 체력 모두 우리나라 사람보다 낫다. 지극히 무사태평해서 굶주리면 곧 일어나서 노동을 하고, 불과 하루벌이를 하면 곧 집에 돌아가서 자려고 한다. 재물을 저축할 생각도 없고, 자기의 정욕을 개량할 희망도 없으며, 거의 돼지우리와 같이 지저분하고 더러운 집에 침거한다. 그 고루한 풍습을 지켜 조금도 개량할 것을 알지 못한다. — 길 위에서 만난 한인은 모두 긴 담뱃대를 가지고 틈만 나면 이것을 피운다. 또 명태라는 말린 생선을 뜯어 먹는다. 무엇보다도 마늘, 고춧가루를 좋아하여 음식에는 꼭 이것을 넣는다. 그 자극적이고 흥분되는 식재료를 탐식하는 것은 실로 미개한 본색을 드러낸다고 할 만하다."
27) 「朝鮮貿易に對する紳商の談話」, 59~60쪽.

야즈는 8월 7일에 원산을 떠나 철령을 지나고 경성(鏡城)과 오랑캐(兀良哈, 중국 동북부)을 바라보며 '분로쿠의 역(임진왜란)'의 가토가 북정(北征)한 것을 생각하고 수석의 정을 견딜 수 없다고 말한다.[28] 오후 두만강을 지나며 조선의 영토였던 녹도(鹿島)를 러시아가 점령하여 그들의 영토가 된 사실을 주목했다.[29] 특히 강국과 약소국이 경계를 접할 경우 분쟁이 자주 일어난다고 지적하여 러시아의 남하정책에 대한 경계심을 나타내고, 러시아가 조선인의 환심을 사기위해 러시아로 귀화시키는 조치를 취하고 있음도 지적했다.[30]

야즈는 조선 정부가 이 일을 우려하여 북방의 지방관에 무용(武勇)을 갖춘 인물을 선임하고 국민들이 러시아령으로 가는 것을 엄벌에 처했다고 지적한다. 러시아는 이러한 조선 정부의 처치가 남하정책에 커다란 방해가 된다고 생각하여 경성의 러시아 공사관에 이첩하고 외무독판에게 담판할 것을 요구한 어처구니없는 일이 발생했다고 보았다.[31] 그는 결국 두 나라 사이의 분쟁이 비화되어 그것이 일본에 미칠 영향을 우려했던 것이다.

3. 블라디보스토크 여행

8월 8일 연해주의 중심 도시인 블라디보스토크에 입항했다. 블라디보스토크는 1860년에 러시아의 해군기지로 개항하여 이후 러시아의 극동정책이 활발해짐에 따라 경제적, 군사적으로 중요한 지역이 되었다. 1876년에는 일본 정부의 무역사무소가 설치되었고, 1880년에는 블라디보스토크와 나가사키

---

28) 「兀良哈を望み藤肥州の古事を懷ふ」, 62쪽.
29) 「鹿島何時の間にか露領を化す」, 63쪽.
30) 「露國南下の策歷歷見るべし」, 63–64쪽.
31) 「圖南策に對する朝鮮の措置」, 64–65쪽.

사이에 정기항로가 개설되었다. 이후 일본인의 거류민수가 증가했다. 무역
사무소는 1907년에 영사관, 1909년에 총영사관으로 발전했다.[32]

야즈는 블라디보스토크의 입구에 있는 금각만(金角灣, 조로토이로만)의
병비가 삼엄하고 거대한 병영이 속속 나열되어 있음에 주목한다. 육군병이
야영하는 천막이나, 포대가 설치된 것을 보고, 이 섬이 "무위(武威)를 가지
고 동양에 임하는 저의를 알 수 있다"고 했다.[33] 블라디보스토크에 도착한
야즈는 일단 러시아의 군사적 요충지인 이곳의 상황을 주시했다.

이 항구는 1891년의 조사에 의하면 시베리아의 관문으로 러시아의 군항
이며 해군진을 설치하고 시베리아함대 12척, 동양분견함대 5척, 의용함
대 1척을 두었다. "이 항구에 정박하는 군함은 27척이다. 아 21개의 포대,
27척의 군함은 어디에 쓰려는가, 저 군함들이 동쪽 끝에서 힘을 쓰는 것
은 중요하다"고 경계심을 늦추지 않았다.[34] 시가지를 살펴본 야즈는 시가
의 뒤편 언덕에 일조계(日照計)를 두고, 시내에는 경찰장이 행정구역을 통
할하며 동부에 조선장, 각 사관의 저택이 있고, 서부에는 정거장과 꽃길
이 있으며, 중앙의 건축물 중에 부청, 병영, 해군구락부, 해군 병원, 경찰
서, 지사 관저, 교회당 등이 있다고 설명한다. 이 지역의 진보된 공업으로
기와 제조장, 양주회사, 맥주회사, 피혁 제조장 등을 소개했다.

야즈는 조선인과 중국인의 거주지를 산책하면서 이 항구에서 중국과 조
선인은 한명씩 엄격하게 여권을 검사하고 건강을 진찰하면서 짐도 모두 풀
러 검사하는 데 비해서 일본인과 서양인은 특별 검사가 없이도 통과되어

---

32) 박환, 『박환교수의 러시아 한인 유적 답사기』, 239~243쪽, 국학자료원, 2008.
33) 「金角灣頭兵備嚴なり」, 66-67쪽.
34) 「艦隊及び其兵備」, 81-82쪽.

일본인을 중히 여기는 것을 알 수 있다고 말한다.[35] 이처럼 블라디보스토크에서 특별한 대우를 받는 일본인을 바라보는 야즈의 시선에는 우월한 의식이 담겨있었다. 그것은 상대적으로 조선인이나 중국인에 대한 멸시감과 함께 강조되었다. 중국인의 시장에서 냄새가 코를 찌르고 "당항에서는 지나인을 만자(蠻子)라고 부르고 만자란 표류민 혹은 탈적자(脫籍者)의 뜻으로 본국에서 벗어난 빈민을 가리키는 것인데 지금의 지나인의 총칭이 되었다. -자못 시끄럽다"고 지적한다.[36]

시장을 구경한 야즈는 옆에 있는 시베리아철도 노선의 종착역에서 "후일 동양, 아니 오히려 세계에 일대 풍화를 일으킬 대 유력한 요점"이라고 강조하여, 이 철도가 준공되면 일대 혁신이 일어날 것이라고 예견했다.[37] 실제로 청일전쟁 후 열강의 중국에 대한 간섭이 심해지면서 외세 배척을 부르짖는 의화단사변(1900)이 일어났다. 러시아는 열강과 함께 만주 지역에 출병했으나 사변이 끝난 뒤에도 철병하지 않았다. 시베리아에서 블라디보스토크에 이르는 동청철도를 건설 중이었기 때문이다. 이에 일본은 러시아의 시베리아철도 건설이 미칠 파장을 생각하여 상당한 우려를 표명했다. 이로 인해 두 나라 사이의 대립이 심해졌고, 결과적으로 러일전쟁이 일어나는 한 원인이 되었다.[38]

야즈의 조사에 의하면 1872년 해군진을 니콜리스크(宋皇嶺, 우스리스크)에서 이곳으로 옮긴 이래 인구가 증가하고, 1876년 시제(市制)를 시행한 후는 더욱 성대하게 되었다. 1885년에는 병사들을 포함하여 인구 1만

35) 「浦鹽に於ける種種の風體」, 68-69쪽.
36) 「蠻子及其市場」, 69쪽.
37) 「西伯利大鐵道路線を踏む」, 70쪽.
38) 최석완·최혜주, 『근현대 한일관계사와 국제사회』, 103쪽, 한국방송통신대학교, 2007.

500명에 달하고 1893년 당시 대략 4만 2,000명 내외가 되었다. 그 내역을 보면 러시아인 1만 6,500명, 중국인 2만 2,000명, 조선인 2,600명, 일본인 750명, 독일인 72명, 영국인 11명, 기타 10명이다.[39] 이 조사에 의하면 중국인과 조선인이 많은 것을 알 수 있다. 일본인은 750명 중에 상점을 경영하는 집이 12호이고, 이 가운데 6호는 잡화점이고 나머지는 모두 추업점(醜業店)이라고 한다.[40]

이 여행기에서는 블라디보스토크 시내에서 가장 많은 비중을 차지하는 중국인이 '만자(蠻子)'라는 하층천민으로 모두 천업에 종사하고, 중국인과 조선인은 처음에는 다른 인민과 잡거를 했지만, 불결한 것 때문에 퇴거를 당했다고 지적한다. 그러면서 "그 당시 러시아 관리의 잔인함과 퇴거인민의 불쌍함은 실로 언어로 다 말할 수 없다. 퇴거 명령이 내리자 러시아 관리는 아직 저들이 주거하는데도 불구하고 일부에서 모두 가옥을 파괴했다.-지금도 조선인은 집을 세우지 못한다. 모두 천막 중에 살고 지나인은 조악한 가옥에 산다"고, 불쌍한 중국인과 조선인으로 묘사했다.[41] 차별받는 중국인과 조선인의 생활은 집밖을 산보하는 데도 시간 제한이 있으며 오후 8시 이후에는 다니지 못한다. 용무가 있어 밤에 통행할 경우는 순사에게 금전을 상납한다고 지적하여 노골적인 차별의식을 드러낸다.[42]

야즈는 개항장의 풍속은 어느 나라나 비슷하지만 블라디보스토크가 다른 나라와 다른 점은 무단적인 군항이라고 보았다. 특히 러시아 인종의 얼굴에는 일종의 잔인함이 엿보인다고 하면서, 강도가 많고 사람을 협박

---

39) 「浦鹽港の進步」, 72-73쪽.
40) 「商業の景況并に輸出入」, 79-80쪽.
41) 「憐むべし支那人朝鮮人」, 83쪽.
42) 「夜間浦鹽の物騷巡査の脅迫」, 84쪽.

하여 물건을 빼앗지 않고 오히려 처음부터 목숨을 노리고 나서 돈을 가져
간다. 그리고 외설풍이 만연하여 일본에서 건너간 추업부들이 치욕적인
생활을 한다고 생각했다.[43] 블라디보스토크의 러시아인을 보는 시선은 중
국인·조선인을 보는 것과 큰 차이가 없다. 마치 문명국 일본인이 야만국
을 보는 그런 것이었다. 일본과 달리 미술 사상이 부족하고 정원이 없으
며 부인은 '달마'와 비슷한 모습이고, 화려한 색을 좋아하고 일반적인 기
호품은 유치하다. 고상한 것은 찾아볼 수 없으며 개국 이래 아직도 유치
하고 사상도 단순하며 미술 국민의 눈에는 모든 것이 '살풍경한 아희(兒
戱)'와 같다고 보았다.[44] 그는 일본의 미술을 칭찬하는 나머지 조선이나
중국의 풍경을 폄하하여 멸시감을 표출했다. 그리고 하등 부인과 어린아
이들은 맨발이며 사회의 상류층은 대부분이 군인이어서, 신사들이 드물다
고도 한다.[45]

8월 9일 야즈는 마차를 이용하여 유명한 시베리아 대평원, 러시아농민
의 생활, 지리 지질, 동식물, 시베리아철도 공사, 죄수의 모습, 군대의 야
영 광경 등을 시찰했다. 이 가운데 인상적이었던 러시아 국민의 생활에 대
해서는 "불결하고 예의 없음을 도저히 면할 수 없을 것 같은 부인은 맨발
로 아침식사 준비에 바쁘고, 주인은 말똥이 묻은 의복을 입고 위 아래로
분주하다. 내가 물을 달라고 하자 부인은 컵을 잡고 불결한 의복으로 컵을
닦고 물을 채워주는데 입을 다물 정도였다"고 말한다.[46] 그리고 둔전병 촌
락을 돌아볼 때는 야즈가 공병의 작업장에 있는 경비 시설을 자세히 구경

---

43) 「武斷政治の餘波殺伐殘忍風をなす」, 76~77쪽.
44) 「美術優雅の風に乏し」, 77~78쪽.
45) 「蠻子の境涯」, 78~79쪽.
46) 「露國民の生活」, 86쪽.

하는 것을 병사들에게 저지당했다. 군의 비밀을 정탐하러온 외국 군인으로 오인되었기 때문이다.[47]

또한 중국의 축제일에 상영되는 연극을 보면서 그의 차별의식은 한층 고조된다.[48] 그는 연극보다 재미있는 극장 내의 광경과 러시아 순사의 추태를 묘사하면서, 순사들은 중국인의 가게에서 강탈을 하고 수뢰 탐식으로 호구책을 삼는다고 지적했다.[49] 오후에 숙소에 돌아온 뒤에는 후다하시(二橋) 무역사무관, 오자와(小澤) 도쿄마루사무장, 본원사 승려 가토 에쇼(加藤惠證)·야다 쇼조(矢田省三) 등과 러시아 사정에 대해 담화를 나눴다.

> 이 항구 개장 이래 아직 일본인 범죄자를 내지 않았다. 이것은 재류인에게 국가적 관념이 있는 것 외에 다른 것이 아니다. 추태 사건이 하나 있으면 항상 말하기를 한 개인으로서는 가하나 다만 제국의 체면을 더럽히는 것을 어찌할 것인가, ――이 항구에서는 일본인의 명성이 높다. 러시아인은 일본인이라고 하면 이미 나쁜 일을 하지 않는 자라고 믿고 고용인도 항상 지나인보다는 대우를 한다.[50]

야즈는 블라디보스토크를 떠나면서 이곳에서 생활하는 일본 여성 중에 추업부의 존재에 대해 깊은 인상을 갖고 돌아간다. 그들이 이역만리 언어도 통하지 않는 곳에서 돈을 벌기위해 애쓰는데 일본 남성들은 도리어 면적이 좁은 땅에서 작은 일에만 급급하고 있으며, 부를 외국에서 찾는 일이 드물다고 비판한다.[51]

---

47) 「工兵作業場の障害物」, 95쪽.
48) 「演劇の仕打」, 97-98쪽.
49) 「劇場内の光景巡査の醜態」, 98-99쪽.
50) 「事務館瞞席に於ける談話」, 99-100쪽.
51) 「醜業婦」, 101-102쪽.

4. 원산 여행과 귀항

8월 10일 블라디보스토크를 출발하여 원산항으로 다시 입항했다. 원산의 한인 '소굴(巢窟)'을 구경하면서 2천호의 초라한 집들이 초량이나 부산보다 불결하고 좁다고 했다.[52] 13일 새벽에 배가 부산을 향해 떠났다. 배 안에서는 유명한 프랑스인 미술가 비고(1860~1927)를 만나, 그가 동양의 '급소'인 블라디보스토크와 조선의 풍경에 관심을 보인 것을 지적했다. 서양인이 동양에 관심을 쏟는 것이 이러한데 동양인은 과연 어떠한가 물었다.[53] 14일 부산에 상륙하고 다음날 다시 나가사키를 향해 가면서 이번 여행을 다음과 같이 회상했다.

> 그러나 저 러시아 블라디보스토크 항 부두에서는 21개의 포대가 있고 27척의 군함을 띠우고 육지에는 기차가 서쪽을 향해 달리고 있다. 병영의 꿈을 늘어놓고 우뚝 솟아있다. 보기에는 武兵, 戰軍이 아닌 것이 없다. 군항을 떠나 지금 바로 맞부딪히는 우리 제국의 입구인 崎陽(나가사키)에 들어오면 관문에 병사가 한 사람도 경계를 서지 않고 항구의 부두에 포대의 견고함도 없다. 사람들은 무사태평을 노래한다.[54]

여기서 그는 일본의 관문인 나가사키(長崎) 항은 군사적 경비가 삼엄한 블라디보스토크 항에 비해서 병사가 한 명도 없다는 말로 무사태평함을 강조했다. 마치 일본을 다른 나라를 침략할 의도나 군사적 준비가 전혀 없는 평화로운 모습으로 묘사했다.

---

52) 「元山の村に遊ぶ」, 107-108쪽.
53) 「佛人美好氏と語る」, 102쪽.
54) 「長崎に入る感懷」, 116-117쪽.

III. 야즈 쇼에이의 조선 인식

야즈의 여행기에 나타난 조선의 풍속 및 습관 등에 대한 시선이 어떠했는지 살펴보자. 7월 26일 부산항 거류지에 처음 도착하고 나서 그의 눈길을 끈 것은 '소식민지'의 조선인이 흰 옷을 입고, 검은 모자를 쓰고, 긴 담뱃대를 물고 있는 모습이었다. 그는 빈민은 지게를 지고 짧은 일본어로 "소고기 사세요, 참외 사세요"하고 외치며 장사를 하고, "피가 흐르는 소머리를 찌게에 넣는" 모습이[55] 충격적이었다. 소머리국밥을 끓이는 광경이다. 그는 대체로 조선에 대한 인상을 6가지 정도 나누어 기술했다. 가장 많이 등장하는 것이 조선인의 불결과 독특한 냄새였다.

1. 조선인의 불결과 냄새

야즈는 먼저 집의 누추함과 음식점의 불결한 모습을 지적한다. 부산의 거류지를 지나가다 본 모습을 "조선인이 살고 있는 5, 6호를 보면 더럽고 가난한 모습이 심하다. 음식점은 낮은 집으로 벽도 없이 주인이 중앙에서 돈을 받고 음식을 내준다. 그 모습이 마치 구걸하는 것과 같아 불결함이 이보다 심한 것은 없을 것이다"라고 지적한다. 그리고 거류지의 이 모습은 나중에 다시 생각해 보니 그래도 다른 곳보다는 나은 편이라고 썼다.[56] 거류지 주변의 모습을 모두 게으르고 불결하며 누추하고 좁은 것이 가는 곳마다 눈에 비치고, 마치 '중앙아프리카'라는 생각이 든다고 말한다. 이렇

---

55) 「釜山居留地の光景」, 11~12쪽.
56) 「朝鮮人の生活一般」, 14쪽.

게 조선인을 야만적인 모습으로 무시하는 표현이 들어있는 여행기를 일본인들이 읽었을 때 조선에 대한 이미지가 어떠했을 것인지 상상하기 어렵지 않다.

다음은 목욕과 배설의 습관을 지적했다. 조선인은 일생 목욕하는 법이 없으며, 깨끗하지 않은 물도 아무렇지도 않게 마신다. 음식물도 남의 것과 내 것을 구별하지 않고, 남은 음식도 흔쾌히 먹는다고 지적하며, 통역을 고용했을 때 남은 음식을 주게 되면 임금도 싸진다고 말한다. 한층 불결이 심한 것은 배설물을 방뇨하는 것은 물론 소변도 경우에 따라서는 손발 또는 얼굴을 씻는데 사용하고 심지어 마시기까지 한다.[57] 그러면서 다음과 같이 말한다.

한인의 집은 인류가 살만한 곳이 아니라고 의심했다. --이러한 모양으로 국가라고 말할 수 있는 조직의 실행이 있는가. 국민에게 진보 개량의 생각이 있는가. 청결의 관념이 있는가. 취각이 있는가, 아니라는 의심이 든다.[58]

이처럼 이 여행기에서 조선인 고유의 냄새를 '코를 찌르는 악취'라고 기술한 지적은 여러 곳에 보인다. 야즈는 일본의 문화적, 민족적 우월성을 이렇게 표현했다.

---

57) 「朝鮮人の不潔驚くに堪へたり」, 45쪽.
58) 「朝鮮固有の臭氣始めて鼻を搏つ」, 16쪽.

2. 조선인의 결혼 풍습과 일반 습속

조선은 기혼자를 존중하는 사회라고 하면서, 조혼의 폐단을 지적한다. 즉 자산이 있고 가문이 좋은 자는 빨리 관을 쓰고 부인을 거느리는 것을 명예로 생각하여 경쟁적으로 조혼의 폐단에 빠진다고 보았다. 12, 3세에 처가 있는 사실에 크게 놀란다. 가난한 자는 30세가 되어도 어린 영감에게 총각이라고 멸시를 당하는 것을 기이한 풍습으로 생각했다. 남자들은 체격이 크고 건강하며 용모가 온화하고, 신발은 짚으로 만들거나(藁製) 혹은 가죽제를 신고 허리에는 항상 2개의 주머니를 늘어뜨린다. 하나는 연초를 넣고 하나는 거울과 빗을 넣는다. 이것이 남자의 일반적인 풍습이다.[59]

그리고 야즈가 기이하게 생각한 것은 상(喪)을 매우 중하게 여기는 습관이며 거리에서 상주를 만났을 때의 모습이다. 길에서 소복을 입고 깊은 모자를 쓴 자는 복상자(服喪者)인데, 이런 사람을 만나도 서로 예를 표시하는 자를 볼 수 없는 것을 기이하게 여겼다.

부인들의 모습도 다음과 같이 주의 깊게 관찰했다. 부산 거류지에서 물건이나 참외를 팔고 있는 조선 부녀자의 용모는 거칠고 추하다. "복장은 저고리라는 짧은 것이 가슴을 가리기에 부족한 상의와 주름이 많은 치마 사이에는 요대라는 허리띠를 두르고 배를 가린다. 가슴은 드러내고 걷는다. 뒷모습을 보면 서양 부인의 복장과 비슷하다. 평민 의복은 모두 백색이 아니면 사용하지 않는다. 그리고 부인은 다른 사람을 만나는 것을 치욕으로 여기는 습관이 있어 가련하게 깊은 방안에서 바느질로 날을 보낸다"고도 말한다.[60] 또한 자신은

---

59) 「朝鮮人の風俗及習慣一般」, 12-14쪽.
60) 「韓屋の構造」, 17-18쪽.

아직 조선부인을 보지 못했다고 말하면서 거류지를 배회하는 것은 모두 남자이며 "조선의 부인은 남자에게 그 얼굴을 보이는 것을 부끄럽게 생각한다. 하물며 외국인에게야"라고 이해했다. 계속해서 다음과 같이 말한다.

위대 온아한 선생이 일본 가게 중 조금 진기한 것에는 蒼蠅과 같이 모여든다. 당당한 의관을 갖춘 인사가 일본 어린아이의 조롱과 질시를 받는 것은 이미 그들이 용모에 어울리지 않게 그 무기력을 드러내는 것으로 가소롭다.

이처럼 당당한 의관을 갖춘 조선 양반이 일본 물건이 신기해서 구경하러 몰려들고, 그것 때문에 일본 어린아이의 조롱을 받는 모습이 무기력해 보인다고 지적한다.

3. 조선인의 음식 습관

야즈는 군의(軍醫)에게 조선인의 음식물이 일본인의 음식물보다도 비교적 자양에 풍부하다고 들었다. 국은 조리법이 매우 불쾌하여 그 제조법은 주막에서와 같이 커다란 가마를 준비하여 소나 다른 짐승류의 고기를 제거한 뼈, 머리와 발, 내장 등을 가마솥에 넣고 끓인다. 일주일 혹은 10일 이상이나 가마솥에 두고 그 국물에 고추와 된장을 섞어서 마신다. 또 생선류는 신선한 것을 좋아하지 않는다고 설명한다. "뼈를 넣어 고아서 만든 사골국이나 생선을 삭혀서 먹는 습관 때문에 부패한 것 같이 악취를 내는 것이 아니면 즐겨먹지 않는다"고 일본인의 눈에는 기이하게 보였다.[61] 야즈

---
61) 「韓人の食物」, 33쪽.

는 탁주 제조법에 대해서도 제조할 때 쓰는 도구가 상당히 불결하다고 말하면서, 숙소에서 주인이 내주는 탁주를 마시던 모습을 다음과 같이 썼다.

불쾌한 일을 발견했다. 탁주를 제조할 때 어젯밤 침소에 있던 세숫대야를 이용하여 더러운 양손으로 元醸을 문지르며 여과시켜 만든다. ---세숫대야는 상당히 불쾌한 종자이다. 이에 갑자기 신경을 건드려 구토기가 가슴을 치기에 이른다. 막 출발하려는 때 정 씨가 귀한 손님이 멀리서 왔는데 우리 집에서 다행히 먹고 쉴 수 있게 되었다고 하고, 지금 헤어질 때가 되어 탁주 한 사발을 드려 귀국의 전도를 축하하고 싶다고 한다. 나는 이에 상당히 난감하여 입을 다물어도 후의를 거절하기 어렵게 되었다. 일이 이미 주저하기 어렵게 되어 먼저 그 잔을 받아 전부 마셔 대임을 마쳤다.[62]

탁주에 대해서는 다음과 같은 내용도 보인다. "날이 저물어 기갈이 일시에 습격해 와도 바로 먹거나 마실 수가 없다. 이를 본 통역 김 씨는 탁주를 권했다. 밥상을 가져왔으나 악취가 진동하여 식욕이 사라져 버린다. 억지로 반 그릇을 먹었다."[63] 이처럼 조선인들이 즐겨 마시는 탁주는 물론 신선한 야채나 생선을 먹지 않고 육식을 위주로 뼈나 내장을 넣어 만든 국을 먹는 모습이 다른 나라 여행자의 눈에는 이해가 되지 않았던 것이다.

---

62) 「酒の製法を見て嘔氣胸を衝く」, 44-45쪽.
63) 「西城椽門に宿す」, 41-42쪽.

4. 조선인의 가옥

한옥은 높이가 겨우 6척 5촌 내지 7척에 지나지 않고 점토로 나무 사이를 발라 방이나 대청과 부엌을 만든다고 온돌 구조를 설명한다. 한 집의 총 건평은 보통 3평 내지 6평으로 상당히 협소하고 아치(雅致)가 부족하다. 실내에 아무런 장식이 없으며 창문이 좁아서 공기의 유통을 방해하고 사방의 토담은 바깥 공기를 차단한다고 보았다. 요컨대 한옥은 겨울용으로 여름에는 적합하지 않다. 그래서 사람들이 옥외에서 먹고 자고 실내에서 생활하지 않는다.[64] 이처럼 야즈는 짧은 동안 관찰한 가옥에 대해서 온돌에 불을 때서 굴뚝으로 빼는 방법이나 방, 대청, 부엌의 구조 등을 세밀하게 파악했다.

또한 가옥의 구조와 관련하여 사람들은 게으른 풍습이 있어 누워서 담배를 피우고 혹은 길 위에 앉아있는 자, 혹은 나무 아래에서 잠자는 자, 혹은 장기를 두는 자가 대부분이고 드물게 일을 하는 자도 있다고 지적했다.[65]

5. 국가에 대한 관념과 쇠퇴의 원인

야즈는 무로다(室田義文) 총영사와의 대화 내용을 여행기에 소개했다.[66] 무로다는 조선인 모두가 국가에 대한 단결심과 관념이 박약하다. 다만 양반에게 충군애국의 사상이 있어도 현재의 왕실이 무너지면 다른 성을 가진 자가 대신해야 한다는 생각을 갖고 있다고 보았다. 즉 공화국민이 대

---

64) 「韓屋の構造」, 17-18쪽.
65) 「韓人の室內耕作及其村落」, 18쪽.
66) 「國家に對する朝鮮人の思想」, 22-23쪽.

통령제에서 대통령을 바꾸는 것과 같이 보고 있는 데서 일선 외교관의 왜곡된 인식을 볼 수 있다. 그리고 조선 정부가 이전의 중국에 대한 영향력으로부터 벗어나 점점 일본으로 기울고 있는 것으로 이해했다.

> 저들과 우리의 문화 정도는 이미 크게 현격한 차이가 있다. 저들이 조잡하여 만사를 간단하게 보고 우리가 하는 바는 모두 정중이 지나쳐 오히려 귀찮다고 말할 정도다. 어떤 점에서는 도리어 여전히 支那의 粗速한 처치를 좋아하는 것 같다. --그러므로 일본과의 교섭은 성가신 일이라고 하여 이것을 피하려는 풍조가 있다.[67]

여기서도 조선의 관리들은 귀찮은 일이 생기면 빈축을 일삼고 피한다고 하면서, 이것은 본래 사회의 수준이 낮아서 그런 것이라고 평가한다.

조선이 망한 원인의 하나는 조선인들은 관리의 탐학으로 진취적이고 개량적인 기상이 없기 때문이다. 즉 사람들은 노력해서 축적할 생각이 없고 가산을 기울여 관리에게 수뢰하는 법만 안다. 다른 하나는 일본의 '정한역(征韓役)'으로 무려 50만 명이 도살당하고 재화는 모두 일본 병사에게 약탈당했기 때문이라고 진단한다. 조선인들은 정한에 대해 지금도 나쁜 감정을 가지고 있다고 보았다.[68] 야즈는 임진왜란 시 일본의 무단적 조선 침략을 인정한 것이다.

---

67) 「國家に對する朝鮮人の思想」, 22-23쪽.
68) 「朝鮮國衰退の原因」, 51-52쪽.

6. 재미있는 모습

여행을 하면서 견문한 조선의 풍습 가운데 재미있는 것은 먼저 머리에 물건을 이고 가는 부인의 모습이다. 그리고 초량의 김 서방 집에 초대받아 방문했을 때 악취도 어느 정도 익숙해졌고 집안 사람들은 자신의 일행을 보고 모두 도망가고, 창틈으로 엿보고 바로 숨어버리는 모습이다.[69] 김 서방은 거류지에서 일본인에게 고용된 자로 일본어가 가능하며 일본의 풍속 습관을 항상 흠모하는 자라고 평가한다. 그리고 자신이 동래부의 관아를 방문했을 때 통역이 짧은 일본어로 응대하는 것을 보고 "약소국이 강국에 대해서 항상 이렇게 한다"고 지적하여 '문명국, 강국'=일본과 '약소국'=조선의 모습으로 대비시킨다.[70]

집안에서 갓을 쓴 사람이 시를 읊거나 낮은 집(矮屋)의 창문에 약국 혹은 '신농유업(神農遺業)'이라고 쓴 것은 의사가 약을 파는 가게를 겸한 집이다. 의사는 약제사로 환자가 오면 병증에 관계없이 주머니에서 약을 꺼내서 복용하게 한다. 즉 무슨 병에나 약은 똑같은 것이다. 일단 병에 걸리면 자연히 낫기를 기다리거나 죽음을 기다리는 외에 없다고 말한다.[71]

계속해서 돗자리 위에 여러 상품을 진열해 놓고 파는 모습도 신기한 눈으로 바라본다. 즉 상품은 길가에 원형의 돗자리를 펴고 오이, 기장, 사과, 과자 등을 나열한 데 지나지 않는다. 그 밖에 나무에 담은 작은 생선, 도마 위의 소뼈, 양 돼지나 개를 파는 것을 소개한다.[72]

---

69) 「草梁の村に於ける金の住家」, 27-29쪽.
70) 「東萊府に於て官家を訪ふ」, 31쪽.
71) 「醫師及賣店」, 29쪽.
72) 상동, 30쪽.

8월 1일에 머문 울산 시장의 모습을 세밀하게 기록했다. 즉 점차 사람이 모여들면서 시끄럽게 고기와 야채를 교환하면서 서로 부족하다고 다투고 짚신 대신에 받은 조개가 소량이라고 꾸짖는 여자, 혹은 과일이나 그릇을 교환하면서 싸우는 광경 등을 생생하게 묘사했다. [73] 그 밖에도 자신이 시계를 꺼내자 사람들이 신기하게 둘러서서 구경꾼들이 마치 '5월에 달라붙는 파리'와 같다고 표현한다. [74] 동양(東陽) 마을을 지나면서 사람들이 처음 보는 일본인이 누구인지 묻는 말에 통역을 맡은 김 서방이 야즈를 "일본 동경의 양반"이라고 소개하는 모습, [75] 울산 주막에서 일본인이 왔다는 소문에 사람들이 신기해서 몰려드는 모습, 그리고 부인들이 우물 샘에서 물을 긷는 모습이 인상적이었던 같다.

韓 부인 등이 군집하여 교대로 왔다갔다 물을 긷는다. 우리가 다다른 것을 보고 놀라 물을 푸고 도망가려고 한다. 통역으로 하여금 우리가 다른 뜻이 있지 않다고 말하고 우리는 숲으로 피해 보이지 않는 채로 저들이 하는 것을 보자, 바가지를 우물 가운데 던져서 물을 긷고 병에 물을 넣는 것이 至難하다. 그 우활을 알만 하다. ――그것을 머리에 이고 삼삼오오 가고 온다. 그 모습이 모두 같다. 멀리는 7, 8町의 집에 나른다. [76]

그는 부인의 머리에 물동이를 놓는 것은 매우 훌륭하며, 등에 어린아이를 업고 머리에는 가득한 동이를 이고 좌고우면(左顧右眄)하면서 내왕하는 모습이 참으로 하나의 경업에 다르지 않다고 했다. 또 자신에게 익숙한 조선말

---

73) 「蔚山の市場の光景」, 43쪽.
74) 「蔚山酒幕に於ける土人の見物」, 40쪽.
75) 「半日太古有巢の民を學ぶ」, 36쪽.
76) 「韓婦の汲水」, 108~109쪽.

은 '얼마요'라는 말을 물건을 사면서 배웠다고 한다. 지리학자 야즈가 궁금한 것은 조선에 지진이 있는지의 여부였다. 그는 화산암이 많은 것을 보면 지진이 있을 것 같지만 과연 그런지 의심스러워했다. 이에 대해 원산에 체재하는 요시다(吉田)우편국장은 자신이 부임한 후 이미 2차례 지진을 경험했으며 조선에 지진이 없다고 알려진 것은 잘못이라고 설명했다.[77]

IV. 야즈 쇼에이의 조선 인식의 특징

야즈 쇼에이는 세계 역사와 지리에 정통한 지리학자로서 조선과 시베리아를 여행하면서 자신의 학문적 호기심을 확인했다. 그는 근대 일본인의 시각으로 조선의 문화와 풍속을 접하면서 여러 풍경을 생생하게 여행기에 담았다. 이하에서 그가 어떤 시각으로 조선·조선인을 보았는지 조선 인식의 특징을 살펴보자.

첫째, 조선 멸시관. 야즈의 여행기에는 이전 에도시대의 조선 통신사가 일본에 문화를 전해준 조선의 문화적 우수성에 대한 인식은 보이지 않는다. 여행기의 여러 곳에서 노골적으로 조선인에 대한 멸시관을 드러낸다. 1868년 이후 문명개화를 이룬 근대 문명국 일본이 타자의 시선으로 '미개화'된 조선을 바라보는 '문명과 야만'의 교차점을 읽을 수 있다. 따라서 조선에 대한 긍정적인 시각보다는 부정적인 편견에 가득 찬 모습이 보인다. 야즈의 조선 멸시관은 앞 장에서 본 것처럼, 조선인의 불결, 추악, 게으름, 비진보성에 잘 나타나 있다. 이러한 인식은 오리엔탈리즘의 영향을

---

77) 「火山巖の配布及地震」, 113~114쪽.

받은 것으로 보인다. 서양의 오리엔탈리즘은 조선·조선인을 전근대적이고 정체적인, 긍정이 아닌 부정의 이미지로 묘사한다. 오리엔탈리즘은 에드워드 사이드(Edward Said)가 지적했듯이 '동양을 지배하고 재구성하며 권위를 갖기 위한 서양의 사고방식'이며, 주체인 서양에 의해 객체인 동양이 타자로서 관찰되는 것을 의미한다.[78] 야즈는 이러한 인식 아래 아시아 내부에서 문명과 야만의 틀을 적용한 '일본형 오리엔탈리즘'에 근거하여 조선인을 야만적이고 불결한 모습으로 묘사했다.

둘째, 일선동조론. 야즈는 일본과 가까운 이웃인 조선에 신라 건국 이전에 이미 일본인이 반도 남부에 식민해서 상당한 세력을 가진 사적이 있다고 주장한다.[79] 신라의 건국시조인 박혁거세는 일본의 명족(名族)이고, 제4대 왕 석탈해도 일본 히코(肥後) 혹은 단바(丹波) 출신이라는 설이 있다고 말한다. 즉 신라의 왕통은 박, 昔, 김인데 박은 난생(卵生)이고, 그 출소가 명확하지 않으나, 석(昔)과 김은 일본의 이즈모 파(出雲派) 종족의 후예라고 보았다. 이즈모는 지금의 시마네(島根) 현이다. 그리고 가라국은 이즈모 파의 식민지로 역시 일본 종족의 후예라는 인식이다. 진구황후가 임나의 김해에 일본부를 설치해서 통치한 이래 일본인의 내왕이 번성하게 되었다고 지적했다.[80]

셋째, 타율성론. 야즈는 조선 문제를 약육강식의 논리로 바라보고 있다. 세계의 최대 강국 러시아와 대치하는 최소 빈약국 조선의 모습을 그리면서 혼자서는 독립할 수 없는 나라라는 인식을 갖는다. 그는 기본적으

---

78) Edward Said 지음, 박홍규 옮김, 『오리엔탈리즘』, 교보문고, 1991.
79) 『한국지리』, 「주민」, 41~42쪽.
80) 졸고, 「메이지시대의 한일관계 인식과 일선동조론」, 『한국민족운동사연구』37, 2003.12: 동, 「일제강점기 아오야기(青柳綱太郎)의 조선사 연구와 '내선일가론'」, 『한국민족운동사연구』49, 2006.12 참조.

로 조선이 일본의 번병국 즉 속국이라는 것과 두 나라가 일심동체라고 보았다. 일본은 조선을 위해 목숨을 걸고 두 차례의 대전(청일전쟁과 러일전쟁)을 치렀다고도 한다. 야즈는 조선반도는 '수동적 반도'이며 그 국민도 '식민적 국민' 혹은 '이민적 국민'이어서 선천적으로 애국심이 부족하다고 말한다.[81] 그리고 조선은 선천적으로 독립자주의 힘이 박약한 토지로 옛날부터 강국의 병탄을 면할 수 없었다. 그런데도 그 나라가 유지될 수 있었던 것은 반도의 자연적 형세가 북으로는 장백산맥이라는 천연장벽이 있고, 남으로는 해협을 통해 방해 세력을 막을 수 있었기 때문이다. 자연적 형세로 보면 영국이 만리 떨어진 호주나 인도에 식민지를 둔 데 비해서 일본은 해협 하나를 사이에 둔 유리한 위치에 있음을 강조한다.

넷째, 식민지 최적합론. 조선의 건국 자체를 이민족의 식민으로 보는 인식은 조선인이 수동적이기 때문에 일본의 수족이 되어 일을 할 수 있는 경제적 인민이라는 인식에서 더욱 확실해진다. 조선이 식민지로서의 자격이 충분하다고 보는 점이다. 야즈는 이미 1904년의 시점에서 조선에 대해 '식민지'를 운운하고 있었다.

야즈는 식민지로 고려해야 할 요소를 여섯 가지로 지적한다. ① 인구밀도: 일본에 비하면 조선은 절반 정도의 밀도를 갖기 때문에 1천3백만 명의 인구를 수용할 수 있다. ② 천연력 여부: 식민에 친밀한 관계를 갖는 것은 기후풍토이다. 조선은 일본과 거의 같은 위도로 같은 기후를 향유하고 지구상에서 가장 중요하고 우수한 지역이다. ③ 토지의 생산력 여부: 식민지의 자격 중 가장 중요하다. 식민 이주의 목적이 토지 부원의 개척에 있으므로 토지의 생산력이 부족하면 식민의 목적을 달성하기 어렵다. 조선

---

81) 『한국지리』, 「朝鮮の殖民的資格」, 186–187쪽.

의 토양은 농경상 척박하지 않아 농산물이 풍부하며 전도가 유망하다. 그러나 조선인은 수리를 게을리 하고 관개법을 강구하지 않으므로 하수가 충분하지 못하고 산림은 황폐하여 한발의 근심이 있다. ④ 광물 매장 여부: 조선은 황금광이 현저하게 풍부하다. 반도 전체에 금맥이 있으나 석탄은 부족하다. ⑤ 수산: 조선반도는 수자원이 풍부하나 선재(船材)의 결핍과 어법(漁法)이 졸렬하여 수산의 이익을 올리지 못한다. 조선 인구의 4분의 1이 어업으로 생활하고 일본 어부 1만 명 이상이 한해(韓海)에서 어업을 한다. 한해의 유망한 사업은 고래잡이다. ⑥ 목축: 조선은 옛날부터 육식국으로 소, 말, 돼지, 산양, 개 등은 주요한 음식물이다. 이것을 적당한 방법으로 목축한다면 그 이익이 적지 않을 것이다.

야즈가 지적한 여섯 가지에 의하면 조선은 '식민지' 자격을 갖춘 최상의 나라가 된다. 그는 세상을 경영하는 사람으로서 이러한 조선을 그냥 둘 수 없는 곳이라고까지 말한다. 또한 일본의 '진구황후'가 삼한을 정벌한 이래 조선이 황폐하고 무기력한 상태에 빠지게 된 사실을 지적하고, 일본이 조선에 죄를 지었다고 말한다. 즉 일본이 '삼한정벌'이후 조선을 돌보지 않고 방치한 탓이며 지금이라도 조선 경영에 나서야 함을 강조했다. 따라서 이러한 필요성에 의해 조선을 식민지로 만들려는 일본인을 '호전적 국민으로 말하지 말라'고 주장한다.[82]

이상에서 살펴본 것처럼 야즈는 메이지유신으로 개화된 문명인이라는 우월감에서 19세기말의 조선을 청, 일본, 서구 열강 사이에 낀 볼품없는 약소국의 모습으로 그렸다. 이러한 인식을 담은 여행기는 청일전쟁 발발을 앞둔 시점에 간행되어 일본인의 조선 이미지 형성에 적지 않은 영향을 미쳤다. 그

---

82) 『한국지리』, 「朝鮮の殖民的資格」, 200쪽.

리고 러일전쟁 중에 간행된 그의 책에 나타난 조선 인식은 조선을 '식민지'로 경영해야 할 최상의 지역으로 보았다. 이렇게 야즈의 저술들은 우리에게 강제 병합을 앞둔 일본인의 조선 인식을 엿 볼 수 있게 해준다.

V. 맺음말

이 책은 부산, 원산, 블라디보스토크의 개항장을 중심으로 견문한 곳의 지정학적 특징과 그곳에 사는 사람들의 풍속, 의식주, 생활상을 생생하게 살펴본 여행기다. 이 책의 자료적 가치는 두 가지로 볼 수 있다. 하나는 100여 년 전의 우리 조상들의 모습을 세밀하게 그린 민속학 자료이다. 차별적이고 편견에 가득 찬 서술을 제외하면 저자가 본 지역의 풍습, 기후와 지질 등의 자연환경과 조선인들의 사는 모습을 적나라하게 그렸다.

다른 하나는 여행 일정에 대한 자세한 기록과 함께 여행에 필요한 기본적인 정보를 수록한 점이다. 예를 들면 우편요금, 전신요금, 나가사키에서 부산, 인천, 원산, 블라디보스토크까지의 거리, 선편(船便) 소개,[83] 승객운임표, 여관과 숙박요금, 여행자 휴대품목 등에 대해서이다. 특히 필수적인 준비물로 들고 있는 것은 호신용 칼이나 단총이 있고, 모포, 간장, 생선포, 약품, 캔 통조림, 비옷, 모기장, 등(燈)이나 촉(燭), 비누, 술,

---

83) 「渡航者須知」, 118-119쪽.
　① 東京丸은 고베, 바칸을 거쳐 부산, 원산, 블라디보스토크에 매월 1회 운행. ② 薩摩丸은 고베, 바칸(馬關=시모노세키), 나가사키를 거쳐 부산, 원산, 블라디보스토크에 매월 1회 운행. ③ 玄海丸은 고베, 바칸, 나가사키를 거쳐 부산, 인천, 芝罘, 천진에 매월 1회 운행. ④ 肥後丸은 고베, 바칸, 나가사키, 이즈하라를 거쳐 부산, 인천, 지부, 천진에 매월 1회 운행. ⑤ 白川丸은 고베, 바칸을 거쳐 부산에 매주 1회 운행한다. 기타 상선회사 기선이 매월 1회, 고베, 바칸, 부산, 인천에 운항하고, 러시아의 블라지밀호가 나가사키, 블라디보스토크 사이를 정기 왕복한다.

방한구, 식기 등이다.[84] 이와 같이 자세한 도항 안내를 싣고 있어 러일전쟁 이후 일본인 도항자가 급속히 늘어나는 데 어느 정도 영향을 미친 것으로 보인다. 그리고 마지막에 자신이 여행 중에 수집한 물품에 대한 목록도 자세히 기록했다.[85]

그러나 블라디보스토크 항의 입지조건이나 군 병력의 배치상황, 병기공장을 견학하는 모습 등에서는 이 책이 단순한 여행기가 아님을 보여준다. 그는 지리학 전문가여서 이러한 조사를 하기에는 안성맞춤이었을 것이다. 러시아의 남하정책에 대한 경계심을 드러내는 기술이 여러 곳에 나타난다. 그 전진기지로서 블라디보스토크 항의 중요성을 인식했기에 이번 여행을 감행한 것으로도 보인다. 그가 도문강반(圖們江畔)의 러시아·조선 국경의 중요성을 인식했고, 육로가 아닌 해로를 통해 이 뱃길을 다녀왔다는 것도 러시아와 일본 사이에 놓인 '일본해'[86]의 중요성을 인식했다는 데서 의미가 있는 여행이었다고 생각된다.

---

84) 상동 123쪽. 시베리아의 경우는 조선과 달리 寒暑의 차이가 심하므로 다음의 물건을 첨가해서 적고 있다. ① 겨울용은 두꺼운 털옷, 털모자, 털장갑, 털버선, 火酒. ② 여름용은 뱀을 막을 물건, 빈대용 구충제, 음료수를 들고 있다.
85) 상동 123~128쪽. ① 조선: 광물 암석 및 식물표본, 부산감리서가 발행한 호조, 韓錢, 잣, 부채, 담뱃대, 관보, 사진(조선국왕 行啓, 영은문, 부산진 근방의 민가사진, 부산항 일본거류지, 조선가옥), 초등교육 科文, 石釜, 石鍋, 石函, 목제신발, 인삼, 식물종자, 붓, 풍속화, 세계지도. ② 러시아: 밀초, 러시아화폐, 중국화폐, 블라디보스토크 지도, 磚茶器, 火酒, 비누, 更紗, 과자, 煙草, 靴墨 등이다.
86) 「露韓國際間の現象」, 1쪽.

<표1> 1910년 이전에 간행된 일본인의 조선 사정안내 · 견문기

간행년도	저자	도서명	출판사
1874	染崎延房	朝鮮事情	三書房
1875	佐田白茅	朝鮮聞見錄	玉山堂
1879	石幡貞	朝鮮歸好餘錄	日就社
1885	鈴木信仁	朝鮮記聞	博文館
1885	小尾直藏	朝鮮京城奇談	報告堂
1890	小田切萬壽之助	朝鮮	京城
1892	靑山好惠	仁川事情	朝鮮新報社
1893	末廣鐵腸	北征錄	靑木嵩山堂
1894	久保田米僊	見聞隨記 朝鮮時事	春陽堂
1894	本間久介	朝鮮雜記	春祥堂書店
1901	小川隆三	渡韓見聞錄	靜岡民友新聞社
1901	信夫淳平	韓半島	東京堂書店
1902	香月源太郎	韓國案內	靑木嵩山堂
1904	山本庫太郎	最新朝鮮移住案內	民友社
1904	天野誠齊	朝鮮渡航案內	新橋堂
1904	矢津昌永	韓國地理	丸善
1904	長田秋濤	ロシア·朝鮮·支那遠征奇談	文祿堂
1905	沖田錦城	裏面の韓國	輝文館
1905	伊藤長次郎	韓國及九州談	東京
1906	塩崎誓月	最新の韓半島	靑木嵩山堂
1906	圓城寺淸	韓國の實情	樂世社
1906	上村賣劍	淸韓遊踪	東京堂
1906	德富蘇峰	七十八日遊記	民友社
1906	石川周行	朝日新聞 滿韓巡遊船	朝日新聞社
1906	堀內泰吉·竹內政一	韓國旅行報告書	神戶高等商業學校
1908	薄田斬雲	暗黑なる朝鮮	日韓書房
1908	薄田斬雲	ヨボ記	日韓書房
1909	佐村八郎	渡韓のすすめ	樂世社
1910	勝田主計	淸韓漫遊余瀝	澁谷村

〈표2〉矢津昌永 저작목록

간행년도	도서명	공저자	출판사
1889	日本地文學		丸善
1891	亞細亞地理 · 日本地文學		상동
1892	日本地文圖		상동
1893	日本帝國 政治地理(訂正 再版)		상동
1894	朝鮮西伯利紀行		상동
1895	中學日本地誌 · 新日本地誌 · 日本地圖		상동
1896	中學日本地誌 · 中學萬國地誌(上 · 中 · 下) · 日本地圖		상동
1897	中學地文學 · 中學萬國地誌(上 · 中 · 下)		상동
1898	中學地文學 · 新編中學地理日本誌(감수) · 新編中學地理 日本誌用地圖(감수)		集英堂
1899	新編中學地理 外國誌(上, 감수) · 中地文學 · 中地理學 · 外國地圖		集英堂 · 丸善
1900	中地理學 · 日本地圖 · 新萬國地圖(공저)	志賀重昻	丸善
1901	訂正中地理學 · 日本政治地理 · 新撰外國地理		상동
1902	新撰日本地理 · 地理學小品 · 新撰外國地理 · 世界地理學		丸善 · 民友社
1903	新撰日本地圖 · 新撰中地文學 · 高等地理(공저)	赤星可任	丸善
1904	日本地理		早稻田大學 소장판
1904	韓國地理		丸善
1905	日本地理 · 高等地理 清國地誌		丸善
1906	大日本地理集成(공저) · 高等地理 亞細亞州 · 韓國地理(3판)	角田政治 · 小平高明	隆文館 · 丸善
1906	高等地理 亞非利加洲部(공저)	赤星可任	丸善
1906	世界物産地誌(공저)	樺島駒次 · 杉浦鍫次 · 增山明	상동
1907	高等地理 清國地誌(공저)	渡邊信治	상동
1908	高等地理 · 地名索引 內外地誌 日本之部		丸善 · 早稻田大學 소장판
1911	大日本地理集成(공저)	角田政治 · 小平高明	隆文館
미상	日本地理講義 · 地文學講義 · 萬國地理		大日本中學會
미상	東洋商業地理		早稻田大學 소장판

참고문헌

矢津昌永,『朝鮮西伯利紀行』, 1894.

矢津昌永,『韓國地理』, 1904.

이사벨라 비숍 지음, 이인화 옮김,『조선과 그 이웃나라들』(1897), 살림, 1994.

山路愛山,「韓山紀行」,『ナショナリズム』, 筑摩書房, 1904.

源昌久,「矢津昌永の地理學-書誌學的 調査 1」,『淑德大學研究紀要』13호, 1978.

이광린,「비숍여사의 여행기」,『진단학보』71·72, 1991.

Edward Said 지음, 박홍규 옮김, 『오리엔탈리즘』, 교보문고, 1991.

왕한석,「개항기 서양인이 본 한국문화-비숍의『한국과 그 이웃나라들』을 중심으로」,『비
　　교문화연구』4, 서울대 비교문화연구소, 1998.

정연태,「19세기 후반 20세기 초 서양인의 한국관」,『역사와 현실』34, 한국역사연구회,
　　1999.

박지향,「'고요한 아침의 나라'와 '떠오르는 태양의 나라'」,『안과밖』10, 2001.

박양신,「19세기말 일본인의 조선여행기에 나타난 조선상」,『역사학보』177, 2003.

이규수,「일본의 국수주의자 시가 시게타카(志賀重昂)의 한국인식」,『민족문화연구』45,
　　2006.

윤소영,「러일전쟁 전후 일본인의 조선여행기록물에 보이는 조선 인식」,『한국민족운동
　　사연구』45, 2007.

최혜주,「메이지시대의 한일관계 인식과 일선동조론」,『한국민족운동사연구』37, 2003.

최혜주,「일제강점기 아오야기(靑柳綱太郎)의 조선사 연구와 '내선일가론'」,『한국민족운
　　동사연구』49, 2006.

최석완·최혜주,『근현대 한일관계사와 국제사회』, 한국방송통신대학교, 2007.

최혜주,「일본은 19세기 조선을 어떻게 인식했을까」,『조선잡기-일본인의 조선정탐록』,
　　김영사, 2008.

琴秉洞 지음, 최혜주 옮김,『일본인의 조선관』, 논형, 2008.

박환,『박환 교수의 러시아 한인 유적 답사기』, 국학자료원, 2008.

옮긴이 소개

최혜주(崔惠珠)

숙명여자대학교 사학과와 대학원, 도쿄대학 대학원 인문과학연구과 석 · 박사과정을 졸업했다. 문학박사로 전공 분야는 한국근대사 · 한일관계사이며, 현재 한양대학교 비교역사문화연구소 HK교수로 재직 중이다.

주요 저서로 『창강 김택영의 한국사론』(1996), 『한국 근대사와 고구려 · 발해인식』(공저, 2005), 『근현대 한일관계와 국제사회』(공저, 2007), 『최남선 다시 읽기』(공저, 2009), 『한국 근현대사를 읽는다』(공저, 2010), 『근대 재조선 일본인의 한국사 왜곡과 식민통치론』(2010), 『문교의 조선-해제 · 총목차 · 색인』(편저, 2011) 등이 있다.

옮긴 책으로 『일본 망언의 계보』(1996), 『일본의 근대사상』(2003), 『일본의 군대』(2005), 『조선잡기-일본인의 조선정탐록』(2008), 『일본인의 조선관』(2008), 『조선인의 일본관』(2008), 『만주국의 탄생과 유산-제국 일본의 교두보』(2009), 『인구로 읽는 일본사』(공역, 2009), 『일본 망언의 계보 개정판』(2010), 『한국통사』(2010), 『일본의 식민지 조선통치 해부』(2011), 『아시아 · 태평양전쟁』(2012), 『식민지 조선과 일본』(2015) 등이 있다.

조선 시베리아 기행

초판 1쇄 인쇄 2016년 12월 20일
초판 1쇄 발행 2016년 12월 30일

지은이 아즈 쇼에이(矢津昌永)
옮긴이 최혜주

펴낸이 윤관백
펴낸곳 도서출판 선인

영 업 김현주

등 록 제5-77호(1998.11.4)
주 소 서울시 마포구 마포동 324-1 곳마루 B/D 1층
전 화 02)718-6252/6257
팩 스 02)718-6253
E-mail sunin72@chol.com

정가 16,000원
ISBN 979-11-6068-029-4 03900

이 번역은 2008년 정부의 재원으로 한국연구재단의 지원을 받아
수행된 연구임(NRF-2008-361-A00005)